ALBERT DE ROCHAS

—◇—

LES

États superficiels

DE

L'HYPNOSE

PARIS

CHAMUEL, ÉDITEUR

29, RUE DE TRÉVISE

—

1893

LES ÉTATS SUPERFICIELS
DE L'HYPNOSE

© 2022 Culturea Editions
Editions : Culturea (Hérault, 34)
contact : infos@culturea.fr
ISBN : 9782385081744
Dépôt légal : octobre 2022

PRÉFACE

L'éditeur de ce livre m'avait offert de réimprimer le mémoire sur « les Forces non définies » que j'ai publié en 1888 et qu'on ne peut plus se procurer aujourd'hui que très difficilement dans le commerce.

Je n'ai pas cru devoir accepter cette proposition parce qu'il aurait fallu refondre complètement certaines parties, notamment celles qui traitent de l'électricité animale et des productions de mouvement sans contact, pour tenir compte des faits nouveaux recueillis depuis une dizaine d'années. De plus il ne m'aurait pas été permis de passer sous silence la question des Hallucinations télépathiques, qui a pris un si grand développement dans ces derniers temps, grâce aux travaux de la Société des recherches psychiques de Londres, et j'aurais été entraîné ainsi à un travail que je ne puis entreprendre en ce moment.

Mais il m'a semblé qu'il ne serait pas sans intérêt de détacher de mon mémoire les parties qui ont trait aux premiers états de l'hypnose, ceux que la science officielle a étudiés sous le nom d'Hypnotisme.

Ces premiers états, surtout le plus superficiel, se rencontrent en effet beaucoup plus souvent qu'on ne le suppose, et leur étude permet de formuler, au moins approximativement, les lois qui déterminent certaines sensations, certains actes anormaux chez des personnes paraissant parfaitement éveillées.

Les gens qui passent pour les plus compétents ne s'accordent du reste pas encore sur le degré de puissance des suggestions. Il y a donc grand intérêt, au point de vue médico-légal, à accumuler les observations. Celles que je rapporte ont été notées avec soin sur l'heure même ; elles ont sur d'autres qu'on trouve dans la plupart des ouvrages traitant de l'hypnotisme l'avantage d'avoir été faites, non sur des sujets d'hôpitaux plus ou moins détraqués par la maladie ou influencés par l'imitation, mais sur des personnes vivant, sans se faire remarquer, au milieu de nous et telles qu'on en rencontre à chaque instant dans la vie.

Une longue expérience m'a montré que, dès le début, j'avais en général bien observé. Quelques-unes de mes déductions ne m'ont cependant pas paru suffisamment confirmées : je les ai supprimées dans cette réédition. J'ai, au contraire, insisté davantage sur celles dont j'ai toujours reconnu la justesse.

Loin de moi pourtant la pensée de présenter mes opinions comme l'expression ne varietur de la vérité.

Les gens qui n'ont étudié que dans les livres sont

trop portés à considérer comme absolues les lois formulées par les manuels. Même pour les sciences les plus positives, comme la physique et la chimie, ces lois ne sont que des sortes d'aide-mémoire théoriques ; en pratique, elles ne se vérifient pas toujours, par suite de raisons que nous connaissons quelquefois et que nous ignorons trop souvent. Les professeurs, qui veulent être certains de pouvoir montrer à leurs élèves un précipité de couleur caractéristique obtenu par le mélange de deux liquides, ont bien soin de tenir en réserve ce précipité préparé à l'avance dans un verre dissimulé sur leur table, pour le cas où la réaction annoncée ne produirait pas l'effet attendu.

- On sait combien les anciennes machines électriques étaient capricieuses. Combien plus capricieux encore sont les sujets, et comment s'en étonner ? Plus la substance sur laquelle on opère est élevée dans l'échelle des organismes, plus elle diffère d'un individu à l'autre : telle suggestion, qui n'aura pour effet chez celui-ci que d'éveiller une tentation, provoquera chez celui-là un mouvement irrésistible qui le poussera en aveugle vers le but.

Ce qui me paraît devoir ressortir nettement de la lecture de mes études, c'est d'abord la preuve de l'influence considérable qu'exercent, sur le système nerveux, et par suite sur les sensations et sur les actes d'un grand nombre de personnes, les agents physiques qui les entourent ; ensuite l'explication par des causes purement naturelles de phénomènes qu'on *attribue trop facilement à des êtres de l'autre monde.*

  Quelques personnes jugeront peut-être qu'il eût mieux valu taire certains procédés : telle avait été aussi mon opinion quand j'ai publié les Forces non définies, *tirées seulement à 250 exemplaires ; mais notre état social ne permet plus, comme autrefois, de réserver une science à des initiés présentant des garanties de vertu. Les criminels sont souvent les premiers à connaître et à appliquer une invention nouvelle. Ici en particulier nous n'avons guère fait que coordonner des pratiques traditionnelles chez les sorciers ; nos seules découvertes, celles qui suffiraient à justifier l'étude de l'hypnose auprès des esprits timorés, ont précisément pour résultat de s'opposer aux suggestions coupables et de permettre d'en reconnaître les auteurs. En admettant même qu'elles n'aient pas toujours l'efficacité que nous leur attribuons, la crainte seule de la possibilité de leur réussite arrêtera vraisemblablement autant de crimes par suggestion que la crainte de l'expertise chimique arrête d'empoisonnements.*

LES
Etats superficiels de l'hypnose

CHAPITRE Ier

La polarité humaine.

La science officielle n'a consenti à admettre l'influence exercée sur l'organisme humain par l'approche de différents corps, et en particulier des aimants, que depuis quelques années[1].

En 1842, le docteur Dumont rappelle[2] que, d'après plusieurs observations, chaque pôle magnétique jouissait d'une propriété différente, qu'avec l'un on enlevait la douleur, qu'avec l'autre on la reproduisait. Il ajoute que, lui-même, eut un jour l'occasion d'en avoir la preuve.

Un plombier, dit-il, atteint de cette névralgie douloureuse des articulations commune aux gens de sa profession, s'était adressé à M. Bagly, qui déjà plusieurs fois l'avait débarrassé de sa douleur par l'aimantation. Mais, craignant de continuer un traitement dont il ne connaissait point les effets, sans consulter un docteur, ce patient s'adressa à moi et me pria instamment

---

[1] Thouret, dans son « Observation sur les vertus de l'aimant » (Mémoires de la Société royale de Médecine, 1776, t. i, p. 280), donne un excellent résumé des observations faites avant lui et par lui. On en trouvera du reste quelques-unes décrites à la fin de ce chapitre.

[2] *Journal de médecine et de chirurgie*, n° 355.

de vouloir aimanter son poignet. Je le fis en effet et j'eus le plaisir de lui enlever son mal dans l'espace de quelques minutes en promenant le pôle nord de mon aimant sur l'articulation malade ; mais, curieux de constater l'effet contraire du pôle sud, je le passai à plusieurs reprises sur le poignet. Après trois à quatre minutes, le patient, que je n'avais prévenu de rien, me dit qu'il éprouvait un fourmillement continuel au bout des doigts. Cette sensation augmenta rapidement et devint si vive, en même temps que le poignet devenait le siège d'une douleur poignante, que le malade retira brusquement la main et ne voulut pas me laisser continuer, prétendant que mon aimant n'était pas le même que celui de M. Bagly. Ce n'est que lorsque je lui promis positivement de le délivrer de sa douleur qu'il m'abandonna de nouveau sa main. Je fis passer le pôle nord le long de l'articulation, et la douleur disparut.

Plus tard, M. Burq[1] constata les actions esthésiogènes dues à l'application, sur la peau d'un certain nombre de métaux. M. Landouzy rapporta le cas d'un sommeil léthargique déterminé par l'approche d'un aimant, Weinhold un cas semblable produit par l'électricité, Dumontpallier et Pitres des cas d'hypnose et de réveil par une application métallique[2].

Des expériences nombreuses, faites presque en même temps en France (à la Salpêtrière) par M. Charcot et ses élèves[3], en Italie par le professeur Maggiorani[4], éta-

---

[1] *Thèse inaugurale.* Paris, 1853. — *Métallothérapie du cuivre.* Paris, 1867, etc.

[2] LANDOUZY : *Relation d'un cas de léthargie provoquée par l'application d'un aimant* (Progrès médical, 1879). — WEINHOLD : *Hypnotische Versuche.* Chemnitz, 1880. — DUMONTPALLIER et MAGNIN : *Action de divers agents physiques dans l'hypnotisme provoqué* (Bulletin de la Société de Biologie, 1881).

[3] R. VIGOUROUX : *Métalloscopie, métallothérapie, œsthésiogènes.* Paris, 1882, etc.

[4] *Le Magnese e i nervosi.* Milano, 1869. — *Alcune esperienze de métalloscopia.* Roma, 1878, etc.

blirent l'action puissante de l'aimant sur les hystériques, ainsi que les phénomènes de transfert ; elles mirent en évidence des faits analogues produits, soit par les diverses sources d'électricité, soit par les vibrations d'un diapason. Mais aucun lien théorique ne réunissait encore tous ces faits. C'est seulement en 1885 que M. Dècle, qui avait étudié avec une patiente sagacité les phénomènes de contracture et de décontracture produits sous l'influence d'une foule de substances sur une certaine classe de sensitifs, formula une loi précise et détaillée[1]. Afin de faire comprendre sa notation, je commencerai par l'exposé rapide de quelques expériences. Voici un sujet *sensitif*, je touche la partie externe de son petit doigt avec un morceau de verre électrisé, l'électrode positif d'une pile ou le pôle nord d'un aimant ; au bout de quelques secondes, le petit doigt est contracturé. Le même effet se serait produit si j'avais touché, avec une fleur ou la partie supérieure d'une racine, un acide, mon propre petit doigt ou même le petit doigt de son autre main, un morceau d'or ou d'argent, etc.

Si ensuite je touche la même partie du petit doigt contracturé avec un bâton de résine électrisé, l'électrode négatif d'une pile, le pôle sud d'un aimant, la partie inférieure de la tige ou de la racine d'une plante, un corps basique, mon pouce ou le sien, un morceau de nickel ou de soufre, j'obtiens la résolution de la contracture.

De là on doit conclure qu'il existe dans la première série des corps cités un dynamide différent de celui qui

---

[1] La *Revue scientifique* du 28 Janvier 1893 contient un article sur les ORIGINES DE LA VIE où M. Luciani résume les expériences récentes relatives à l'action de l'électricité, de la lumière, de la chaleur, des acides, des bases, etc., sur les microbes qui remplissent les organes des êtres vivants ; il montre que ces actions se manifestent, selon leur intensité ou leur mode d'application, par des contractures de leur protoplasma et des mouvements d'attraction ou de répulsion.

se trouve dans la seconde. Il est naturel de désigner, par analogie avec les dénominations déjà en usage dans l'électricité, le premier sous le nom de dynamide positif et le signe +, le second sous le nom de dynamide négatif et le signe —; c'est ce qu'a fait M. Dècle.

En se servant tantôt d'un corps positif, tantôt d'un corps négatif, l'effet de l'un servant à contrôler celui de l'autre, il a pu arriver à déterminer d'une façon générale la répartition des dynamides sur le corps humain.

La tête et le tronc sont positifs du côté gauche et négatifs du côté droit, aussi bien par devant que par derrière[1].

Les bras et les jambes sont positifs du côté du petit doigt et négatifs du côté du pouce ou du gros orteil.

Les végétaux vivants ou desséchés sont positifs du côté de la fleur et négatifs du côté de la racine; comme les aimants, chacun de leurs tronçons présente la double polarité. Un fruit est négatif du côté de la queue et positif du côté opposé[2].

Deux polarités isonomes quelconques mises en contact (ou même simplement rapprochées, si leur énergie est suffisante) produisent d'emblée une contracture ou une répulsion; deux polarités hétéronomes, dans les mêmes conditions, produisent décontracture ou attraction.

Ces phénomènes se traduisent par des actions différentes, suivant la partie du corps où on les provoque.

---

[1] Certains observateurs, comme M. Pelletier (de Madon), ont constaté en outre une polarité secondaire de l'avant à l'arrière pour la tête : le front serait positif et la nuque négative.

[2] Mes expériences personnelles m'ont fait classer :
Dans les corps *positifs* : le diamant, la platine, l'or, l'argent... les acides énergiques... les rayons rouges, l'oxygène...
Dans les corps *négatifs* : le bismuth, le nickel, le soufre... les bases puissantes, les rayons bleus ou violets, l'hydrogène...

Ainsi la contracture du cerveau amène successivement les différentes phases superficielles de l'hypnose que nous étudierons dans le chapitre II (phases dont la suggestibilité est le caractère commun), suivant que l'action de l'agent isonome est plus ou moins prolongée. La résolution du cerveau sous l'action d'un hétéronome passe par les mêmes phases en ordre inverse.

La répartition de la polarité que nous venons d'indiquer, d'après M. Decle, est celle qu'on trouve d'ordinaire ; mais elle paraît ne pas être constante, même chez le même individu. J'ai vu une inflammation causée par un clou sur un côté du cou inverser la polarité du tronc d'un sujet. Je suis aussi porté à croire qu'elle se développe, et se confirme par l'usage, peut-être même par l'effet de l'imagination.

Quoi qu'il en soit de la cause, et quelque part que puisse avoir sur les effets la suggestion que j'ai cependant cherché à éliminer, voici les phénomènes que j'ai obtenus à Blois sur un certain nombre de jeunes gens :

En moins d'une minute j'endors Emile en lui posant les fleurs d'un bouquet de violettes sur la partie gauche de la tête. Il a les yeux ouverts, a conservé la flexibilité des membres, mais a perdu toute sensibilité ; un flacon d'ammoniaque débouché sous son nez ne provoque pas le moindre mouvement.

J'approche de sa main, à vingt centimètres de distance, un aimant en fer à cheval de telle manière que le pôle nord soit en regard du petit doigt et le pôle sud en regard du pouce : instantanément la contracture de toute la main se produit. Je fais cesser la contracture en appliquant ma main sur la sienne en hétéronome, pouce sur petit doigt et petit doigt sur pouce.

Je soulève l'un de ses bras, et sur la partie postérieure

de l'épaule je pose une carotte du côté de la tige supérieure (+), le bras reste contracturé dans la position horizontale. Je le décontracture, soit en retournant la carotte sur son autre extrémité (—), soit en transférant la contracture à l'autre bras en posant la carotte sur son côté + contre l'épaule de ce bras absolument comme avec un aimant.

J'impose la main droite en hétéronome sur la tête d'Emile endormi et la main gauche en isonome sur celle de Paul réveillé. En même temps que je réveille l'un, j'endors l'autre.

Je réveille Paul en lui plaçant sur le côté gauche de la tête (+) une pomme reposant du côté de la queue (—) et sur le côté droit (—) une autre pomme reposant par son extrémité positive.

Je dis à l'un d'eux de me montrer le dessus de ses mains en les joignant du côté des pouces ; il ne peut plus les séparer par suite de la contracture des avant-bras. J'opère la séparation en faisant glisser ma montre sur la ligne de jonction des pouces et index. S'il présente ses mains, la paume au-dessus, en joignant les petits doigts (+), un effet semblable se produit ; il se guérit lui-même en portant ses mains entre ses cuisses (—).

Je le fais mettre à genoux en lui recommandant de serrer les jambes et de joindre les mains dans l'attitude de la prière. Il reste dans cette position, les mains et les jambes contracturées, sans pouvoir se relever. S'il appuie, sur la partie droite du front, les pouces de ses mains jointes, il s'endort lui-même. Je le réveille et lui rends la liberté de ses mouvements en écartant sa main que je remplace par mon petit doigt, puis en passant ce petit doigt entre ses jambes et enfin en prenant ses mains entre les miennes en hétéronome.

Il s'endormira également tout seul, et debout dans l'attitude du penseur, avec son index appuyé contre la partie droite du front. De même, s'il met son index contre la partie droite de la bouche dans la position convenue pour indiquer le silence, sa bouche se contracture d'un côté, et il ne peut plus parler, pendant que son bras tout entier se raidit peu à peu.

Si j'abaisse ses paupières, quand il me regarde, avec le pouce et le petit doigt de la main droite, il ne peut plus les relever. Je lui rends la vue en les touchant avec le petit doigt et le pouce de la main gauche.

En pressant ses narines entre deux doigts, on enlève et on rend l'odorat, suivant que les contacts sont isonomes ou hétéronomes. De même pour l'ouïe.

Prenant la position du soldat sans armes, les jambes jointes et les petits doigts contre la couture du pantalon, le sujet est immobilisé avec contracture des bras et des jambes.

S'il élève verticalement son bras droit en l'appuyant contre la tête, le contact — contre — produit la contracturation des bras ; le bras gauche dans une position semblable n'est point contracturé (— contre +).

En plaçant Paul et Emile l'un derrière l'autre, comme deux soldats dans le rang, en conjonction d'isonomes, ils sont contracturés du haut en bas et ne peuvent bouger de place. En les plaçant côte à côte sur le même rang, ils se contracturent mutuellement les jambes et les bras en contact. En les plaçant dos à dos, en conjonction d'hétéronome, il n'y a pas contracture, mais attraction ; le plus fort entraîne l'autre en marchant. S'ils se placent l'un en face de l'autre et qu'ils s'embrassent, joue droite contre joue gauche, ils restent collés par les épaules et les joues. Faisant monter l'un d'eux à cheval, l'intérieur de sa jambe

droite (—) èst en contact avec le flanc (—) de l'animal et
la jambe tout entière se contracture[1].

On a vu que l'hypnose était déterminée par les polarités
isonomes et que l'action en hétéronome ramenait à l'état
normal. Je vais étudier maintenant ce qui se produit
lorsque l'on prolonge cette action.

N'agissons d'abord que sur un seul côté du cerveau :

Je donne, avec un procédé quelconque, une hallucination unilatérale, sur le côté droit, par exemple.

J'applique sur ce côté droit une polarité —, il y a ag-
gravation de l'hypnose et sommeil proprement dit.

J'applique la polarité — sur le côté gauche, il y a
transfert de l'hallucination.

J'applique une polarité + sur ce côté gauche, il y a
transfert de l'hallucination, puis sommeil.

J'applique enfin sur le côté droit la polarité +, il y
a d'abord suppression de l'hallucination, puis production
en général d'une hallucination opposée dont je spéci-
fierai tout à l'heure les caractères.

Si l'on produit, par suggestion, le mouvement d'une
partie du corps, on peut déterminer mécaniquement le
transfert de ce mouvement à la partie symétrique en agissant en hétéronome, soit sur cette dernière partie, soit sur
le lobe du cerveau qui est du même côté.

Ainsi Gabrielle a les deux mains sur la table. Je lui
dis de *penser* à tambouriner avec les doigts de la main

---

[1] Dans ses lettres odiques-magnétiques, Reichenbach cite les che-
valiers Auguste et Henri Oberlœnder, ses amis, jeunes gens vifs et
vigoureux, très portés à tous les exercices du corps et auxquels celui
du cheval était complètement interdit par suite de la gêne qu'ils
éprouvaient dès qu'ils étaient sur le dos de l'animal. Des faits analogues ont été observés plusieurs fois dans des régiments de cavalerie,
et de malheureux soldats ont payé de leur vie l'obéissance aux ordres
de leurs chefs qui ne voulaient pas croire à une impossibilité physique.

droite, puis j'approche du petit doigt de sa main gauche
(+) un morceau[1] de soufre (—) ; au bout de quelques
secondes, ce sont les doigts de la main gauche qui se
mettent d'eux-mêmes en mouvement. Pour que la main
droite puisse tambouriner, il faut que je mette le morceau
de soufre auprès du petit doigt de cette main. Voici encore
Benoît qui écrit de la main droite. J'approche mon pouce
du côté gauche de son cerveau (— contre +) ; la main
gauche se rapproche peu à peu de la plume, la prend et
se met à écrire. Je ramène la plume dans la main droite
en posant mon petit doigt sur le côté droit de sa tête.

Si, au lieu d'opérer sur un côté du cerveau, j'opère à la
fois sur les deux, et de la même manière au point de vue
de la polarité, les phénomènes suivent les mêmes lois.

L'action en isonome permet d'abord de donner la
suggestion, puis elle endort. L'action en hétéronome détruit
d'abord la suggestion, puis la remplace par une hallucination opposée, et enfin détermine une congestion sanguine
du cerveau manifestée par le mal de tête.

Je commande par exemple à un sujet de voir bleu un
cercle tracé sur du papier blanc ; par une action en hétéronome, la couleur commence par disparaître, puis le
cercle devient jaune ; un cercle vert devient rouge. En général (car il y a des exceptions) une couleur est remplacée
par la couleur complémentaire.

Il est plus facile d'obtenir des oppositions d'odeurs et
de saveurs ; mais ici encore les phénomènes ne se produisent pas toujours d'une façon identique.

Voici, pour trois personnes sur lesquelles j'ai essayé,
les résultats obtenus :

---

[1] Je dis *morceau* et non *bâton*, parce que, pour les sujets très
sensibles, un bâton de soufre un peu long est polarisé.

En suggérant un *son* aigu, j'obtiens comme opposé un son grave. Pour l'un des sujets, j'ai fait l'expérience avec un piano et je suis arrivé, de proche en proche, à déterminer la note moyenne, c'est-à-dire qui se reproduisait par hétéronome : c'était le ré de l'octave du milieu. Ceci, naturellement, n'a rien d'absolu.

Tous ces phénomènes peuvent s'obtenir en agissant, soit sur le cerveau, soit directement sur l'organe en jeu.

En agissant sur la *sensibilité* on obtient des effets analogues : à la suggestion du pincement par les ongles succède celle du pincement à pleine peau ; à celle de la piqûre avec une épingle, celle du contact avec un corps mousse comme le bout du doigt ; à celle du grattement celle du chatouillement, etc.

Pour les *souvenirs* suggérés, je les fais disparaître et reparaître à volonté, sans déterminer autre chose que des espèces d'oscillations d'oubli dont je n'ai pas bien pu me rendre compte.

La concentration de l'*attention* sur un objet déterminé a, au contraire, souvent pour complémentaire la *non-existence* de l'objet pour le sujet.

Ainsi, je concentre l'attention de Benoît sur un aimant en fer à cheval. Au bout de quelques instants je place une de mes mains en hétéronome sur sa tête. Il commence par ne plus savoir le nom de l'objet qu'il regarde, puis il ne le voit plus. Je le lui fais toucher en isonome ; il ne le sent pas et n'est point contracturé. Je change de main et j'agis en isonome sur sa tête, sa main se contracture avec force : il sent, voit et reconnaît l'aimant.

De même pour un piano. L'action en hétéronome le rend invisible. On peut jouer tout ce qu'on voudra, le sujet qui, dans son état normal, tombe en extase à la suite de quelques accords, reste complètement insensible à tous les sons qu'on peut tirer du piano.

A un *sentiment* suggéré succède, en employant les mêmes procédés, un *sentiment contraire*.

Je prescris à Benoît, mis en état de crédulité par l'occlusion des yeux, d'être en colère contre son frère. Quand il ouvre les yeux, il entame des récriminations contre cet enfant ; j'agis en hétéronome d'une façon quelconque sur sa tête, il cesse d'être en colère, puis cherche à excuser la peccadille qu'il vient d'exposer avec aigreur.

De même je commande brusquement à Marie d'aller embrasser M. I. ; elle hésite d'abord, puis cède à l'obsession et s'avance vers lui. A ce moment j'agis à distance par derrière en hétéronome ; elle s'arrête, se met à rire, puis allonge une gifle à la joue qui s'avançait pour recevoir un baiser.

De tout cela il faut conclure que l'action en hétéronome, quand elle est unilatérale, a pour effet de porter l'influx nerveux du côté où elle est appliquée, et, par suite, de déterminer de ce côté la réalisation de la sensation ou de l'acte qui est dans la pensée du sujet.

Si l'action est bilatérale on peut admettre, simplement pour fixer les idées, qu'il s'établit deux courants de transfert en sens contraire d'un lobe du cerveau à l'autre, et que ces deux courants commencent par se rencontrer en annulant ainsi leur effet, puis produisent, par leur pression l'un contre l'autre, un effet contraire.

MM. Binet et Féré ont observé des phénomènes de même nature en faisant agir des aimants en fer à cheval sur des hystériques[1], ils ont constaté qu'il se produisait une série d'alternances entre la suggestion primitive et sa complémentaire. Je suis porté à croire que ce résultat est dû à ce qu'ils employaient les aimants sans se préoccuper de la manière dont agissait chaque pôle.

---

[1] *Revue philosophique*, Janvier et avril 1885.

Si, en effet, je donne à Gabrielle la suggestion d'être gaie, par exemple, et si je place ensuite un aimant en fer à cheval en face du milieu du front, de telle sorte que les deux branches soient dans le même plan vertical et agissent ainsi à peu près également sur les lobes du cerveau, la jeune fille passe par des alternatives très rapides de gaieté et de tristesse.

On se demande, au premier abord, comment il se fait que des phénomènes analogues ne se produisent pas plus souvent; mais il faut remarquer que les personnes d'une impressionnabilité aussi vive sont des exceptions. Du reste, l'histoire n'est point toujours là pour enregistrer leurs faits et gestes. Tous les sujets que j'ai interrogés sentent un malaise vague dès qu'ils prennent des positions propres à amener une contracture, et j'ai souvent constaté qu'ils les fuyaient instinctivement[1].

---

[1] Il y a quelques jours, Emile était à une noce et avait mis une fleur un peu grosse à la boutonnière de son habit du côté gauche ; il ne tarda pas à sentir son cou se contracturer. Il se guérit lui-même par une friction du pouce et plaça la fleur à la boutonnière de son gilet au milieu du corps : il n'éprouva plus aucune gêne.

Mlle Marie D..., sujet très sensible, m'a raconté qu'une fois, s'étant réveillée avec les deux jambes jointes et contracturées, elle était restée près d'une heure fort effrayée dans cet état que l'on ne savait pas faire cesser.

L'ayant prise comme pour la faire valser, je l'ai clouée sur place en touchant l'orteil de son pied droit avec celui de mon pied gauche ; lui donnant le bras, il me suffit de presser légèrement le sien contre mon côté gauche pour le contracturer.

S'étant fait magnétiser, elle perdit l'usage de la parole à la suite d'une passe près du cou, et il fallut qu'une personne au courant de mes études vînt la décontracturer par des applications en hétéronome au-dessus des omoplates. Enfin il lui est arrivé de rester la bouche contracturée en mordant un fruit en isonome.

Mme P... a été endormie, au moment de partir pour une fête, par quelques fleurs placées dans sa coiffure, probablement la tige à droite et la fleur à gauche.

M. le docteur Doutrebente, médecin en chef de l'asile
des aliénés de Blois, a signalé en ces termes, à la réunion
annuelle de la Société de médecine de Loir-et-Cher, une
application thérapeutique de la loi de polarité :

Mlle X..., que j'ai eu l'occasion de soigner en dehors de
l'asile, est atteinte d'hémianesthésie depuis deux ans ; cet état
a résisté aux traitements les plus énergiques ; tout d'abord,
j'avais employé les différentes méthodes œsthésiogéniques énu-
mérées dans la Revue du docteur Romain Vigouroux, spécia-
liste de l'école du professeur Charcot. Les divers traitements
préconisés par cet auteur ne reposant pas sur des données
scientifiques bien précises ou déterminées, on peut dire
sans crainte d'exagération que ce sont des médications empiriques. En opérant ainsi je n'ai obtenu que des résultats irré-
guliers et absolument insuffisants ; c'est alors que, mettant à
profit les renseignements fournis par M. de Rochas, j'ai
appliqué sur ma malade un aimant en fer à cheval, de façon
à mettre en rapport les pôles de noms contraires, c'est-à-dire
le pôle positif de l'aimant en rapport avec le pouce, et le pôle
négatif en rapport avec le petit doigt. L'effet désiré s'est produit presque immédiatement, à savoir que l'hémianesthésie
disparaissait et qu'avec le retour de la circulation la chaleur
revenait dans le membre malade : nous avons vu aussi le sang
suinter après une piqûre d'aiguille, ce qui ne se produisait
pas auparavant. Les applications d'aimant ont été continuées
régulièrement pendant quinze jours et pendant une durée de
cinq minutes à chaque séance (six séances par jour). Au bout
de ce temps, la malade nous a quitté et est retournée dans sa
famille complètement débarrassée de ce syndrôme hystérique
qui a malheureusement reparu un mois après. Le traitement
qui nous a réussi une première fois vient d'être repris à nouveau avec le même succès. Nous avons lieu d'espérer que
maintenant il aura un résultat définitif si l'on songe que la
malade, en arrivant chez elle, a eu, avec des émotions morales
bien faciles à comprendre, l'arrivée concomittente de la
période menstruelle ; notons enfin que, depuis l'amélioration
de l'hémianesthésie, nous avons vu complètement disparaître
les grandes attaques d'hystérie qui se produisaient autrefois
cinq ou six fois par semaine.

Une seconde observation m'a été fournie par M. le Dʳ Proust, également à Blois :

Mˡˡᵉ X... est atteinte de crises hystériques depuis deux ans. J'ai été appelé le 22 août 1886 auprès de cette jeune fille, parce qu'elle était plongée depuis 24 heures dans un sommeil dont sa famille ne pouvait la tirer. Je constatai d'abord que ce sommeil présentait les caractères de l'état cataleptique, les positions que je donnais aux membres persistant au moins pendant quelque temps. Me plaçant alors à gauche de la malade, j'appliquai la paume de la main gauche sur la partie médiane du front. N'ayant obtenu aucun résultat[1], au bout de trois ou quatre minutes j'appliquai la main droite de la même façon.

Deux minutes ne s'étaient point écoulées que je vis se produire des mouvements convulsifs dans les membres supérieurs, puis des contractures surtout du côté des fléchisseurs de l'avant-bras gauche. La malade entra complètement dans l'état somnambulique, je pus la faire lever et lui donner des suggestions diverses.

Imposant de nouveau la main gauche, je la réveillai complètement, et, depuis cette époque, le sommeil morbide ne s'est pas représenté.

Maintenant que l'on connaît les principaux phénomènes de la polarité on peut y chercher l'explication d'un certain nombre de procédés empiriques employés par les magnétiseurs, hypnotiseurs, masseurs, toucheurs, etc.

Prosper Alpinus, médecin du XVIᵉ siècle, qui passa plusieurs années en Egypte, dit, dans son *Traité de la médecine des Egyptiens*, que :

Les frictions médicales et les frictions mystérieuses étaient les remèdes secrets dont les prêtres se servaient pour les maladies incurables. Après de nombreuses cérémonies, les malades,

---

[1] Cet insuccès tient peut-être à la position du côté gauche du médecin contre le côté gauche de la malade, qui par la conjonction isonome combattait la résolution du cerveau, effet qui s'observe chez les sujets extrêmement sensibles.

enveloppés de peaux de béliers, étaient portés dans le sanctuaire du temple, où le dieu leur apparaissait en songe et leur révélait les remèdes qui devaient les guérir. Lorsque les malades ne recevaient pas les communications divines, des prêtres appelés Onéïropoles s'endormaient pour eux, et le dieu ne leur refusait pas le bienfait demandé (liv. 1ᵉ chap. 8).

La production de ce sommeil lucide, en se couchant sur des peaux de bête, est confirmée par Pausanias (liv. 1, ch. 31).

Celui qui veut consulter Amphiaraüs se purifie d'abord par un sacrifice qu'il offre au dieu ; après plusieurs jours d'abstinences et de fréquentes expiations, il lui immole un bélier, sur la peau duquel il se couche et il attend en dormant qu'un songe lui apprenne ce qu'il veut savoir.

De même, Virgile nous montre (*Enéide*, VI, 79-95) le roi Latinus allant consulter l'oracle de son père, le dieu prophète Faunus, dans le bois que domine la haute Albunée où toutes les nations italiques venaient interroger les dieux :

En ce lieu, le prêtre, après avoir fait ses offrandes et s'être couché durant la nuit silencieuse sur des peaux de brebis immolées, voit, une fois sa paupière fermée par le sommeil, des fantômes pressés qui voltigent dans des attitudes étonnantes ; il entend des voix diverses, jouit de la conversation des dieux et adresse la parole à l'Achéron évoqué des profondeurs de l'Averne. Là, le père Latinus en personne, demandant une réponse, immolait suivant les rites cent brebis de deux ans, et, appuyé sur leurs dépouilles, se tenait couché sur leurs toisons étendues. Tout à coup une voix retentit dans les profondeurs des bois...

Faunus était apparu à Numa dans des circonstances analogues :

Il y avait alors une forêt antique, longtemps respectée par la hache et abandonnée au dieu du Mexale, dont elle était le sanctuaire. Là, dans le silence des nuits, le dieu donnait ses réponses à l'âme calmée par le repos. C'est là que le roi Numa immole deux brebis. La première tombe destinée à Faunus, l'autre pour le doux sommeil ; puis l'une et l'autre toison est étendue sur le sol nu..... Vêtu d'une étoffe grossière, le roi s'étend sur les toisons toutes fraîches, après avoir adoré le dieu dans les termes qui lui sont propres. Cependant la nuit vient... Faunus apparaît,.....

Certainement, beaucoup de facteurs devaient intervenir dans le phénomène produit, mais il résulte de ce que nous avons dit plus haut qu'il suffit à un sensitif de poser sa tête, en position isonome, sur une peau d'animal pour tomber dans le sommeil magnétique.

C'est à la fin du moyen âge qu'on voit apparaître les premières théories relatives à la polarité. Paracelse comparait l'homme à un aimant, et il disait *(De Peste)* que l'aimantation des peronnes saines attirait l'aimantation dépravée des personnes malades. Il fit aimanter des couteaux, des lames d'épée avec lesquels il guérissait le mal de dents ; suivant lui, toutes les sympathies et antipathies qu'on observe dans la nature proviennent d'un grand principe qui émane des régions célestes et y retourne par un perpétuel mouvement de flux et de reflux, mettant ainsi en communication tous les êtres.

A
C
D
E
F
B
Le P. Kircher *(Magnes*, Rome, 1654, p. 489) compare les végétaux à des aimants. « Prenez, dit-il, un rameau A B et coupez-le de manière à avoir trois morceaux A C, D E et F B ; vous pourrez greffer C sur F, il y aura cohésion, mais jamais vous ne pourrez réunir D avec F. ».

A la fin du XVIIIe siècle, on vit se produire de nombreuses guérisons en Allemagne' par un savant astro-

---

¹ A la même époque, un chanoine de Ratisbonne, du nom de Gassner, guérissait les malades, et plus spécialement ceux qui étaient

nome, le père Hell, au moyen de l'aimant ; en Amérique, par un médecin Elisha Perkins, au moyen de *tracteurs* métalliques, c'est-à-dire de barreaux de cinq à six centimètres de long, formés par la réunion de deux métaux différents que l'on promenait lentement sur les parties malades ; enfin, en France, par le docteur autrichien Mesmer, qui opérait plus spécialement avec son propre fluide[1].

C'est dans les nombreux écrits du célèbre magnétiseur que l'on va trouver nettement exposée la doctrine de la polarité.

Dans un premier mémoire, il dit :

1° Il existe une influence naturelle entre les corps célestes, la terre et les corps animés.

2° Un fluide universellement répandu et continu de manière à ne souffrir aucun vide, dont la subtilité ne permet aucune comparaison et qui de sa nature est susceptible de recevoir, de propager et communiquer toutes les impressions de mouvement, est le moyen de cette influence.

3° Cette action réciproque est soumise à des lois mécaniques inconnues jusqu'à présent.....

9° Il se manifeste particulièrement dans le corps humain des propriétés analogues à celles de l'aimant ; on y distingue des pôles également divers et opposés qui peuvent être communiqués, changés, détruits et renforcés ; le phénomène même de l'inclinaison y est observé.

10° La propriété du corps animal qui le rend susceptible de l'influence des corps célestes et de l'action réciproque de ceux

---

atteints de douleurs locales ou d'affections du système nerveux, par les exorcismes et les *impositions de ses mains* ; il promenait celles-ci sur la tète, le cou, la nuque du patient ou sur les parties affectées de douleurs, après les avoir vivement frottées à sa ceinture, à son étole ou à son mouchoir.

[1] Mesmer fit construire un grand nombre d'aimants de toutes formes et de toutes puissances, réunit beaucoup de malades et se livra à une foule d'expériences à la suite desquels il s'aperçut que sa main, seule et sans le secours de l'aimant, suffisait pour produire les mêmes effets.

qui l'environnent, manifestée par son analogie avec l'aimant, m'a déterminé à la nommer *Magnétisme animal.*

On lit ensuite dans ses *Aphorismes* 238 et 239 :

La position respective de deux êtres qui agissent l'un sur l'autre n'est pas indifférente. Pour entretenir l'harmonie du tout, on doit toucher la partie droite avec le bras gauche, et réciproquement. De cette nécessité, il résulte l'opposition des pôles dans le corps humain. Ces pôles, comme on le remarque dans l'aimant, font opposition l'un à l'égard de l'autre. Pour concevoir l'opposition des pôles, il faut considérer l'homme comme partagé en deux par une ligne tirée de haut en bas. Tous les points de la partie gauche peuvent être considérés comme les pôles opposés à ceux des points correspondants à la partie droite. Mais l'émission des courants se faisant d'une ma-nière plus sensible par les extrémités, nous ne considérons vé-ritablement comme pôles que ces extrémités. La main gauche sera le pôle opposé de la main droite et ainsi de suite. Consi-dérant ensuite ces mêmes extrémités comme un tout, ou con-sidérant encore dans chacune d'elles des pôles opposés, dans la main le petit doigt sera le pôle opposé du pouce, le second doigt participera de la vertu du pouce, et le quatrième de celle du petit doigt, et celui du milieu, semblable au centre ou équateur de l'aimant, sera dénué d'une propriété spéciale.

Le docteur d'Eslon, élève de Mesmer, est encore plus ex-plicite (p. 208 de l'édition des *Aphorismes de Mesmer,* publiée en 1846, par Ricard) :

Le corps, partagé du Zénith au Nadir (c'est-à-dire dans sa longueur) en deux parties, a le *côté droit pôle sud* et le *côté gauche pôle nord.* Comme deux barreaux aimantés influent ré-ciproquement l'un sur l'autre s'ils sont opposés, c'est-à-dire si le pôle sud est présenté au pôle nord et celui-ci au pôle sud, de même l'homme qui magnétise pour procurer des mouve-ments attractifs et mettre en équilibre le fluide qui circule en lui et dans celui qui est magnétisé doit se mettre en face et opposer son côté droit au côté gauche, c'est-à-dire le pôle sud au pôle nord, et le pôle nord au pôle sud. En se plaçant der-rière les personnes magnétisées et en opposant par conséquent le pôle nord au pôle sud, on excite une répulsion, on change la direction du fluide et on dérange son cours. On emploie quelquefois cette dernière manière pour procurer des crises et rétablir la circulation.

Il y a une cinquantaine d'années, un savant autrichien, le baron de Reichenbach, se livra à de très nombreuses recherches sur le même sujet, à l'aide de sensitifs doués d'une faculté particulière.

Ces sensitifs, plongés pendant plusieurs heures dans une obscurité profonde, finissaient par voir la partie droite de la tête et du tronc luire d'un feu bleuâtre et leur partie gauche d'un feu jaune rougeâtre, de telle sorte que la première paraissait bien moins brillante que la seconde. De même les pieds et les mains du côté gauche étaient plus brillants que ceux du côté droit. Les mains éclairées par leur propre lumière paraissaient transparentes comme lorsqu'on les place devant une lampe, et chaque doigt avait un prolongement luisant qui atteignait parfois la longueur du doigt lui-même. — Cette atmosphère *odique* s'apercevait également autour des autres parties du corps, mais sur une épaisseur d'autant moindre que la partie avait moins de saillie; son éclat et sa nuance variaient suivant les individus et l'état de santé de ces individus[1].

La pointe d'un cristal de roche et le pôle nord d'un aimant dégageaient des effluves bleus, la base du cristal et le pôle sud un effluve rouge.

Je n'insisterai pas davantage sur ces phénomènes de la

---

[1] J'ajouterai que les couleurs mêmes varient et s'intervertissent suivant l'état du voyant. Il n'y a qu'une constante, c'est la vue des effluves. — Indépendamment des causes d'erreur dues à l'expérimentateur, il est possible que la répartition de l'agent qui est perçu par les yeux du sujet soit indépendante de celle de l'agent qui provoque chez lui la contracture de la résolution.

polarité qui, non seulement paraît être très mobile chez les animaux, mais encore dont l'influence se trouve souvent masquée par des causes plus puissantes.

Nous nous trouvons pour l'observer dans une situation analogue à celle d'un expérimentateur qui chercherait à reconnaître des attractions ou des répulsions magnétiques extrêmement faibles à l'aide d'une aiguille aimantée suspendue à l'extrémité d'un long fil tenu entre les doigts d'un aide. La moindre émotion de celui-ci fera mouvoir l'aiguille, souvent dans un sens contraire au mouvement qui devrait résulter de l'action magnétique[1]. Est-ce une raison pour en conclure que l'effet n'existe pas ? Certainement non, surtout si nous parvenons à le reconnaître avec netteté, en remplaçant l'aide par un piquet en bois ou en métal.

Ici nous ne pouvons changer le support et nous n'avons point encore trouvé le moyen de le rendre inerte. Il faut donc se résigner, pour le moment du moins, à voir échouer la plupart des expériences où l'on chercherait une preuve décisive des hypothèses par la reproduction *continue* d'une même conséquence, chaque fois que le procédé opératoire influera sur le système nerveux du sujet, soit par la fatigue d'une trop longue attente, soit par la surexcitation due à la répétition du phénomène.

---

[1] C'est ainsi qu'on peut expliquer comment on a été amené à dire que *l'agent qui défait est le même que celui qui fait*. Le sujet, étant dans un état déterminé, juge inconsciemment qu'il doit en changer quand il SENT une action, et l'effet de cette suggestion peut être tout différent de l'effet caractéristique de l'agent. Peut-être même faut-il admettre, ainsi que je l'indique à la fin du chapitre suivant, qu'une action quelconque ayant prise sur le système nerveux du sujet détermine *un changement d'état* dans un sens ou dans un autre, selon l'idée qu'en a le sujet.

CHAPITRE II

§ 1er. — Classification des états.

On s'accorde généralement à désigner sous le nom d'*Hypnose* tout état du cerveau différant de l'état normal par la paralysie ou l'exaltation momentanée de certaines facultés.

Si l'on provoque l'hypnose à l'aide d'agents dont on puisse augmenter graduellement l'effet, on détermine une série de phases qui se succèdent dans l'ordre suivant :

Etat de crédulité, 1er état léthargique, état cataleptique, 2me état léthargique, état somnambulique, 3me état léthargique[1].

L'état *cataleptique* est surtout caractérisé par l'inertie des membres, qui conservent pendant un temps plus ou moins long la position ou le mouvement qu'on leur donne.

---

[1] Ce 3e état léthargique est celui qui précède l'*état de rapport*, le premier des Etats profonds qui ont été étudiés dans un autre ouvrage et qui, pour les anciens magnétiseurs, constituaient le somnambulisme.

L'anesthésie cutanée est complète et les autres sens ne sont impressionnables que par des actions violentes ou répétées.

Dans l'état *somnambulique,* les membres se meuvent dans les conditions habituelles. L'anesthésie cutanée persiste ; les autres sens sont redevenus impressionnables et ont même acquis une sensibilité bien plus grande. Il suffit d'éveiller une idée quelconque chez le sujet pour que cette *idée* se transforme immédiatement en *sensation* ou en *acte,* suivant sa nature ; cette transformation est susceptible de s'opérer, non seulement au moment où l'idée est suggérée, mais encore à une époque plus ou moins éloignée et lorsque le sujet sera revenu à son état normal.

Le souvenir de toutes les hallucinations, de toutes les suggestions, disparait quand le sujet est réveillé, et reparaît quand le sujet est remis de nouveau à l'état de somnambulisme ; on peut faire persister le souvenir, mais par suggestion.

Dans les états *léthargiques,* le sujet présente toutes les apparences du sommeil ordinaire. Les yeux qui, dans les phrases précédentes ou suivantes, sont généralement ouverts, sont maintenant clos ; si l'on relève les paupières on voit presque toujours les globes convulsés en haut comme dans l'extase. L'insensibilité cutanée paraît complète et l'usage des autres sens paraît également suspendu. Il n'en est rien cependant, car par suggestion verbale on peut réveiller le sujet qui, par conséquent entend, et même on peut lui donner le souvenir de tous les attouchements qu'il a subis dans ces états.

Il est donc extrêmement imprudent de raconter alors devant le sujet, comme le font certains expérimentateurs, ce qu'on veut qu'il ignore , d'autant plus que c'est dans ces états, et spécialement dans les plus superficiels, *que la suggestion a le plus de prise.*

L'état de crédulité étant la première note de la gamme de l'hypnose a une grande importance au point de vue historique; il suffit, en effet, d'actions très faibles pour le produire, et le sujet y conserve toutes les apparences de la veille.

Le Dr Liébeault le définit ainsi dans son livre sur le *Sommeil* (p. 32) :

« Parmi les sujets qu'on veut endormir on en trouve qui arrivent seulement dans un engourdissement très curieux et désigné sous le nom de *charme :* ceux-ci pensent encore activement et ont une conscience assez nette du monde extérieur. Mais si on leur affirme, par exemple, l'impossibilité de parler, de faire certains mouvements, voire même de sentir, ou si on leur suggère l'idée d'actes absurdes, leur attention, déjà sans ressort, s'immobilise complètement sur les idées imposées, leur esprit les adopte et l'organisme obéit: ce sont de vrais automates placés sur la limite de la veille et du sommeil. »

J'ai fait sur cet état de nombreuses expériences dont on trouvera les principales relatées dans le § 3 du chapitre III, et lui ai donné le nom d'*État de crédulité* en considération de sa propriété caractéristique. Je ferai observer que les sujets sur lesquels ont porté la plupart de mes observations : Benoît, Émile, Paul, Gabrielle, Marie, Rose, sont des jeunes gens de 17 à 19 ans, parfaitement sains de corps et d'esprit, excellents ouvriers ou employés. On aurait probablement toujours ignoré leur grande sensibilité s'ils ne s'étaient point prêtés à mes recherches. Ils sont donc dans de bonnes conditions pour qu'on puisse conclure de ce qui s'est passé avec eux, ce qui a dû se produire dans tous les temps sur les foules.

§ 2ᵉ. — *Causes de l'hypnose.*

James Braid, chirurgien à Manchester, a montré vers
1840, qu'on pouvait hypnotiser en tenant un objet dans
une position telle, au-dessus du front, que le plus grand
effort fût nécessaire du côté des yeux et des paupières
pour que le sujet regardât fixement l'objet; il lui recom-
mandait en outre de concentrer sa pensée[1].

Quinze ans auparavant, un prêtre de l'Inde portugaise,
l'abbé Faria, avait déjà professé à Paris que la cause du
somnambulisme réside dans le sujet et non dans le magnétiseur; il endormait un grand nombre de personnes en
prononçant d'une voix forte ce seul mot : *Dormez !*[2] C'est
le procédé, dit *de suggestion*, repris plus tard à Nancy,
d'abord par le Dʳ Liébeault, puis par le Dʳ Bernheim
qui lui a donné une grande notoriété.

On a vu, dans le chapitre précédent, que l'hypnose
est produite par l'action sur le cerveau de tout agent qui
a la propriété, étant appliqué sur d'autres parties du
corps, de produire soit la contracture, soit la répulsion.
On est ainsi amené à supposer, d'une part, que le sommeil
nerveux est le résultat de la contracture du cerveau ;
d'autre part, que la contracture est une conséquence de
la répulsion de la partie la plus mobile de l'organe (sang
ou influx nerveux).

---

[1] *Neurypnologie,* trad. franç., p. 32.

[2] Chez les gens susceptibles de s'endormir ainsi, on arrive au même
résultat en prononçant impérativement un mot quelconque : stop,
zut, etc. L'important est de surprendre le sujet et de provoquer chez
lui un ralentissement de la circulation cérébrale après avoir produit
l'idée du sommeil.

·« C'est une loi générale pour tous les animaux, dit en effet Claude Bernard[1], depuis la grenouille jusqu'à l'homme, que la suspension de la circulation du sang amène en premier lieu la perte des fonctions cérébrales et nerveuses, de même que l'exagération de la circulation exalte d'abord les manifestations cérébrales et nerveuses.»

Maxvell, ayant observé le cerveau d'un homme atteint d'une plaie à la tête avec perte de la substance des os du crâne, reconnut que, lorsque le malade était plongé dans un sommeil calme et paisible, le cerveau était presque immobile dans son enveloppe; faisait-il au contraire quelque rêve assez lucide pour qu'il pût en garder le souvenir à son réveil, l'enveloppe cérébrale venait faire saillie au niveau de la perforation. Blümenbach, dans une circonstance analogue, remarqua également que le cerveau s'affaissait pendant le sommeil, tandis qu'au réveil il augmentait de volume et le sang y affluait alors davantage[2].

De plus, M. Brown-Séquard a prouvé que la tonicité musculaire tend à passer à l'état de contracture quand la circulation diminue dans les muscles. Si on lie l'aorte d'un mammifère et qu'on attende un certain temps, on voit apparaître peu à peu la raideur dans les membres postérieurs, et enfin l'état que l'on nomme rigidité cadavérique survient dans ces mêmes parties encore liées à un être vivant. Si on lâche la ligature après quelque temps de raideur complète, le sang revenant dans les membres postérieurs y fait disparaître la contracture et réapparaître l'irritabilité. Il ne manquait donc que du sang aux muscles rigides pour avoir leurs propriétés à l'état de vie.

Toute impression faible, monotone et continue, perçue par l'un de nos sens, produit chez beaucoup de personnes

---

[1] *Leçons sur les pr. des t. viv.*, p. 461.
[2] *Archives générales de la médecine*, 1861 ; t. I, p. 637.

HYPNOSE   3

une concentration d'esprit sur une seule pensée qui amène peu à peu le sommeil. C'est ainsi que les mères endorment leurs enfants par le bercement et le chant.

La fixation du regard peut agir soit par une action analogue, soit par polarité rayonnante. D'après les sensitifs, qui voient le fluide, chaque œil émet en effet une radiation de même nature que celle du côté auquel il appartient. Cette radiation de l'opérateur, pénétrant dans l'œil du sujet placé en face de lui, agirait en isonome sur le lobe cervical de même polarité par suite de l'entrecroisement dans la tête des nerfs optiques.

Par conséquent, en regardant un sujet, l'œil droit dans l'œil gauche et l'œil gauche dans l'œil droit, on doit l'*endormir*. On doit le *réveiller* si, au lieu de le regarder dans les yeux, on le regarde sur le front, parce qu'alors on agit en hétéronome : c'est ce que vérifie l'expérience.

Quant aux hallucinations et suggestions qui constituent la manifestation de l'état de crédulité, on ne les détermine d'ordinaire qu'en provoquant d'abord une certaine émotion par le ton ou le geste. Or, « dans l'émotion, il y a toujours une impression initiale, qui surprend en quelque sorte et arrête très légèrement le cœur[1]. »

Enfin chez beaucoup de sujets il suffit de quantités très petites de vapeurs anesthésiantes, comme le chloroforme ou l'éther, dans l'air ambiant, pour amener cet état de crédulité.

Ainsi l'on peut, semble-t-il, admettre déjà, d'une façon générale, que le sommeil, naturel ou nerveux, est le résultat d'actions ayant pour premier effet de ralentir la circulation sanguine dans le cerveau.

---

[1] CL. BERNARD, *l. c.*, p. 464.

De nombreux exemples vont confirmer cette hypothèse ; je montrerai par combien de modes divers on peut provoquer l'anémie cérébrale et par suite les multiples manifestations de l'hypnose.

Je donnerai plus loin (p. 89) quelques détails sur les agents électriques, me bornant à rappeler ici l'action des passes et de la pression des pouces usitées par les anciens magnétiseurs, parce que cette action paraît résulter de l'envahissement de l'organisme par un agent spécial émanant de l'opérateur[1].

Cet agent, *le fluide,* dont l'existence est si vivement combattue par l'école officielle de l'hypnotisme, retarderait également la circulation nerveuse du sujet par sa direction en sens opposé, c'est-à-dire de l'extérieur à l'intérieur. Telle est du moins l'hypothèse qui se présente naturellement à l'esprit et qui serait appuyée par ce fait que les phases de l'hypnose peuvent également s'obtenir à l'aide de courants électriques.

Mais, d'autre part, j'ai souvent reconnu que toute action déterminant une modification dans l'équilibre normal d'un sujet suffisamment sensible, comme les passes régulières et continues dans un sens quelconque, pou-

---

[1] Il est très difficile, dit Cuvier, dans les expériences qui ont pour objet l'action que les systèmes nerveux de deux individus peuvent exercer l'un sur l'autre, de distinguer l'effet de l'imagination de la personne mise en expérience d'avec l'effet physique produit par la personne qui agit sur elle. Cependant les effets obtenus sur des personnes déjà sans connaissance avant que l'opération commençât, ceux qui ont eu lieu sur d'autres personnes après que l'opération même leur eût fait perdre connaissance, et ceux que présentent les animaux, ne permettent guère de douter que la proximité de deux corps animés, dans certaines positions et certains mouvements, n'aient un effet réel, indépendant de l'imagination de l'un des deux. Il paraît assez clairement démontré que ces effets sont dus à une communication quelconque qui s'établit entre leur système nerveux (*Leçons d'anatomie,* t. II, p. 107).

vait produire l'hypnose ; puis, qu'en agissant en sens inverse, on ramenait le sujet à l'état de veille, et enfin *qu'en continuant cette dernière action, on produisait de nouveau le sommeil.* De sorte qu'en définitive, on pourrait dire que les actions en question déterminent une orientation anormale des molécules organiques. Cette orientation arrêtant la circulation nerveuse provoque le sommeil, qui disparaît quand on ramène l'orientation normale et reparaît quand, par la prolongation des manœuvres, on provoque une orientation anormale inverse. La veille serait à la position verticale du pendule, le sommeil à droite et à gauche.

Il faut remarquer que chacun de ces procédés peut amener un état différent de l hypnose suivant la sensibilité du sujet : les plus énergiques déterminent seulement l'état de crédulité chez certains individus, tandis que, chez d'autres, les plus faibles sont susceptibles de produire même la deuxième léthargie en passant très rapidement par les phases intermédiaires.

CHAPITRE III

§ Iᵉʳ. — *Etat somnambulique.*

Les expériences qui suivent ne font, en général, que reproduire des phénomènes déjà connus par les hommes spéciaux, mais l'hypnotisme est une science encore trop récente pour que de nouveaux témoignages lui soient inutiles. Chaque opérateur élucide du reste des points de détail différents.

Les suggestions ont toujours été données dans l'état somnambulique ; les sujets ont été endormis et réveillés soit par injonction, soit par l'imposition des mains, suivant leur degré de sensibilité.

I

Sujet. — T., 23 ans, à l'asile de Saint-Robert (Isère), pour hystéro-chorée.

Suggestion. — « Vous êtes M. X., employé de l'administration de l'asile. »

Effet. — Aussitôt qu'il est réveillé, T. se dirige sans affectation vers Madame X..qui assistait à la séance et lui dit : Tu as la clef, n'est-ce pas ? On se met à rire, et je demande : « Quelle clef ? — Eh bien ! qu'est-ce qu'il y a de drôle là ? je demande à ma femme si elle a bien fermé la porte de la maison ; tout le monde est sorti. — Vous dites que Madame X. est votre femme ; et M. X. qui est là ? »

T. le regarde d'un air étonné, réfléchit : « C'est bien M. X. — Eh bien ! et vous ? — Moi, je suis le véritable X., et lui est un faux. »

Je lui présente un miroir : « Regardez-vous bien ; M. X. porte toute sa barbe et vous n'en avez point. — C'est bien ma figure ; mais c'est bien moi M. X. comptable de l'asile. — Mais Madame X. ne peut avoir deux maris cependant. — C'est vrai, il faut que l'un de nous deux disparaisse. »

Et il s'avance d'un air menaçant vers M. X..... — Je m'empresse de l'endormir et de lui enlever la suggestion.

II

Sujet. — R., 20 ans, employé dans les bureaux de la mairie à Grenoble.

Suggestion. — « Quand vous vous réveillerez, M. T. sera devenu invisible, vous ne le sentirez ni ne l'entendrez. »

Effet. — Au réveil, R. ne voit pas M. T. qui lui parle et qui le pince sans provoquer le moindre mouvement. M. T. prend dans ses bras un des assistants et le soulève : étonnement de R. qui cherche en vain à comprendre, qui tourne autour de la personne soulevée, passe la main sur sa tête, sous ses pieds, tout en évitant instinctivement M. T... — M. T. prend sur la table un crayon et l'agite en l'air ; R. le suit des yeux, non moins étonné, car il le voit voltiger tout seul. Je dis que ce sont là des expériences de spiritisme et que le crayon va répondre aux questions qu'on lui posera ; R. demande son âge et son prénom, et le crayon répond facilement d'une manière exacte, car M. T., qui le tient, est son chef de service.

III

Sujet. — R.

Suggestion. — « Vous entendrez tout à l'heure crier au feu, puis vous vous accuserez d'avoir tué une femme. »

Effet. — Quand il est réveillé, il ne tarde pas à prendre l'attitude d'un homme qui écoute. Je lui demande ce qu'il a : « N'entendez-vous pas la sonnette ? répond-il ; c'est rue Très-Cloître. » (A Grenoble, c'est au moyen d'une sonnette qu'on annonce les incendies)..... Je cause avec les assistants d'un assassinat qui vient de se commettre ; il écoute attentivement sans rien dire. Au bout de quelques instants, je me tourne vers lui et lui dis qu'on l'accuse d'en être l'auteur ; il nie. J'insiste en ajoutant que devant les preuves qu'on donne il ferait mieux d'avouer. Il rougit. se cache la figure dans ses mains, pleure, et finit par avouer. Je lui ordonne de tout oublier. Il ne se souvient plus de rien.

IV

Sujet. — Benoît, 18 ans, employé à la préfecture de Blois.

Suggestion. — « Vous irez prendre dans ma bibliothèque le 3e volume à droite du second rayon, vous le feuilletterez, et arrivé à la page 34 vous trouverez votre portrait. Vous le montrerez à M. L. Quand M. L. touchera sa bague, il deviendra invisible. Vous irez ensuite au tableau, vous écrirez votre nom et, arrivé à la lettre *o*, vous vous endormirez. »

Effet. — Benoît accomplit ce que je lui ai ordonné, il prend un volume de *La Nature*, et, arrivé à la p. 34, il est fort étonné de trouver son portrait; il me demande comment cela peut se faire; il le trouve bien ressemblant et le montre à M. L. A ce moment, M L. touche sa bague ; Benoît fait un geste d'étonnement, jette les yeux autour de lui : « M. L. a disparu, je ne le vois plus. » Je fais disparaître l'hallucination de la vue en disant brusquement : « Voyez-le. » Benoît se rend alors au tableau, écrit *Ben*, commence l'*o* et s'endort. Je le réveille, il recommence, et les mêmes phénomènes se reproduisent. Enfin, impatienté, il écrit de nouveau rapidement *Ben*, hésite un instant, puis laisse un blanc et termine par *it* en poussant un soupir de satisfaction.

V

Sujet. — Benoît.

Suggestion. — « Dans un quart d'heure vous entendrez la porte s'ouvrir, vous verrez entrer le concierge de la préfecture qui vous remettra une lettre ; vous la prendrez, vous la lirez, vous verrez qu'elle est d'Émile qui vous prie de me dire qu'il ne peut pas venir ce soir, vous me ferez sa commission et vous renverrez le concierge. »

Effet. — Au bout de dix minutes, il s'est tourné vers la porte et m'a dit : « Le préfet me fait probablement demander, voici le père Robin. » Il prend la lettre imaginaire, la lit et me fait la commission, puis dit au concierge : « Cela suffit. »

Il reprend sa place à côté de moi et je lui demande la

lettre ; il la cherche dans toutes ses poches et, ne la trou-
vant pas, il me dit que vraisemblablement il l'a rendue
au concierge sans y faire attention. Je le prie de me dire
exactement ce qu'elle contenait et il me répond : « Mon
cher Benoît, je te prie de dire à M. de Rochas que je ne
pourrai aller ce soir chez lui comme c'était convenu. » —
Je lui affirme que tout cela n'est qu'une suggestion, il
ne veut pas me croire et en appelle au témoignage des
personnes présentes.

VI

Sujet. — Benoît.

Suggestion. — « Vous sentirez le parfum de la rose
toutes les fois que vous appellerez votre père, et vous aurez
à la bouche le goût de la liqueur de la Grande-Char-
treuse chaque fois que vous prononcerez le nom de votre
frère. »

Effet. — Le lendemain, B. vient me demander l'explication des sensations qu'il avait éprouvées telles que je
les avais suggérées. L'effet de la suggestion ne cesse
qu'au bout de trois jours.

Rapprochements. — L'abbé Ribet rapporte que « sainte
Catherine de Gênes, en flairant la main du prêtre qui
dirigeait son âme, ressentait une odeur d'une suavité
ineffable qui lui réconfortait à la fois et l'âme et le corps,
et dont la vertu était telle qu'il lui semblait que les morts,
selon son expression, dussent en ressusciter. Le confes-
seur aurait voulu jouir de la même faveur ; mais il avait
beau flairer sa main, pour lui l'odeur merveilleuse n'existait point. » (*Mystique divine*, t. II, p. 318.)

Un écrivain parisien très connu, qui est en même
temps un sujet remarquable, prétend me trouver une

odeur balsamique fort agréable, qu'il est du reste le seul à sentir, et qui augmente quand je fais des efforts musculaires en lui présentant la pointe de mes doigts. Il peut y avoir dans ces perceptions anormales , soit un effet de suggestion , soit une hyperexcitabilité de l'odorat par rapport aux émanations du *magnétiseur.*

VII

Sujet. — Benoît.

Suggestion. — « Trois et deux font quatre, non pas cinq. »

Effet. — Au réveil , je prie B. d'additionner les nombres :   35,142

29.473

Il trouve pour résultat

65,614

Je le prie ensuite de me résoudre le problème suivant : « Partagez une somme de cinq cents francs entre deux personnes, de manière que l'une ait cent francs de plus que l'autre. » Il calcule et me répond : « L'une aura 300 francs et l'autre 200 francs. » Je lui demande la preuve et il écrit $300 + 200 = 400$. Il refait ses calculs et s'embrouille. Voyant qu'il ne pouvait arriver à une conclusion je lui fais remarquer que $3 + 2 = 5$, ce qu'il n'admet qu'après le dialogue suivant : « Combien font $3 + 1$? — Quatre. — Et $3 + 2$? — (Avec hésitation). Quatre. — Vous voyez vous-même que ce n'est pas possible : $3 + 1 = 4$ et $4 + 1 = 5$ et $3 + 2 = 5$. »

Il se rend au raisonnement. Je l'endors alors pour lui enlever la suggestion, ce qui ne l'a pas empêché, le lendemain, de faire plusieurs erreurs de calcul à son bureau ;

je dus le rendormir et lui affirmer de nouveau que $3 + 2$ faisaient 5 et non pas 4[1].

Remarque. — J'ai donné cette suggestion sur la demande de M. Georges Léchalas à qui M. Ernest Naville avait écrit : « A-t-on constaté que des mathématiciens aliénés perdent le sens des vérités nécessaires et font, par exemple, de fausses démonstrations dont ils ne peuvent reconnaître l'erreur? En d'autres termes, y a-t-il des hallucinations rationnelles ? »

Le défaut d'instruction mathémathique du sujet m'a empêché de faire une expérience plus concluante ; mais on voit, dans le cas présent, que la faculté de raisonnement avait persisté dans son intégrité et qu'il n'y avait eu qu'une perversion de la mémoire.

VIII

Sujets. — Paul, 17 ans, employé de commerce à Blois, et Benoît.

Benoît seul reçoit les suggestions à l'état de veille par simple injonction brusque.

Suggestion. — J'endors Paul et je lui dis :

« Quand vous vous réveillerez, vous vous croirez possédé du démon, vous jurerez, vous trépignerez, votre

---

[1] Il faut se méfier des suggestions persistantes qui peuvent être dangereuses : un jour j'avais ordonné pendant l'hypnose à un sujet de ne pouvoir descendre la première marche de mon escalier. Je réfléchis qu'il pourrait tomber et se faire mal et j'enlevai la suggestion. Deux heures plus tard, après une séance où de nombreuses suggestions s'étaient succédé, je l'accompagnai jusqu'à l'escalier en le tenant par le bras, précaution qui ne fut point inutile ; car, à la première marche, il trébucha et se serait précipité la tête en avant si je ne l'avais fortement retenu. Je dus lui commander vivement de passer pour qu'il pût continuer son chemin.

bouche écumera. La possession cessera dès que je vous toucherai. »

Effet. — L'effet se produit avec une intensité effrayante dès que Paul est réveillé ; quand je l'ai calmé je m'adresse brusquement à Benoît : « Le démon qui est sorti de Paul est entré chez vous. » Aussitôt Benoît imite tout ce qu'il a vu faire à Paul.

Je mets fin à l'accès en lui disant impérativement : « Vous êtes guéri. »

IX

Sujet. — Benoit.

Suggestion. — « Un quart d'heure après avoir été réveillé, vous verrez apparaître dans la glace au-dessus de la cheminée votre patron saint Benoît, tout environné de lumière, avec la palme du martyre à la main ; il vous dira qu'il vous protège contre le démon qui cherche à se saisir de vous. Vous verrez alors entre les deux fenêtres le démon qui vous menacera de ses griffes ; vous aurez peur ; vous direz : « O mon patron, protégez-moi ! » Votre patron repoussera le diable, qui s'enfoncera dans le plancher au milieu des flammes et en laissant une odeur de soufre. — Vous vous mettrez alors à genoux, et vous entrerez en extase avec les bras en croix. Puis vous vous lèverez et vous chanterez : « Malborough s'en va-t-en guerre ! » Quand vous arriverez à *mironton*, vous vous endormirez complètement. »

Effet. — La suggestion s'est déroulée avec toutes les phases indiquées ; seulement elle s'est produite immédiatement après le réveil, probablement parce que les premiers mots de mon injonction n'avaient point été prononcés assez nettement. Le sommeil final n'est arrivé qu'au refrain du second couplet. — B. réveillé ne se souvient de rien. — Je le rendors de nouveau ; il nous raconte sa vision d'un bout à l'autre en décrivant le démon avec ses cornes et ses dents, et il a soin d'expliquer qu'après la disparition du démon il était si content qu'il s'est mis à chanter la première chose qui lui était venue à l'idée, la chanson de Malborough ; je lui ordonne de se souvenir au réveil, ce qui a lieu. Il nous raconte alors de nouveau sa vision, en glissant légèrement sur certains détails et en appuyant sur d'autres comme pour excuser son hallucination.

X

Sujets. — Emile, 16 ans, typographe à Blois, et Benoît.
Suggestion. — « Vous vous réveillerez dans une prairie. Toutes les personnes qui sont ici, sauf moi, seront vos moutons ou vos chiens. Vous déjeunerez avec un panier de fraises. Vous verrez le garde-champêtre qui vous dressera un procès-verbal. »
Effet. — La scène se produit comme je l'ai indiqué ; les jeunes bergers assis sur le tapis causent en mangeant ; de temps en temps l'un se lève pour appeler son chien ou faire le geste de jeter une pierre à un mouton qui s'écarte.

Je me présente pour acheter des moutons et je choisis successivement, en les marchandant, divers assistants. Benoît défend ses intérêts en faisant valoir des qualités correspondantes à l'aspect de la personne en question. L'un (un enfant) est un joli petit agneau ; l'autre, un gros mouton bien gras ; un troisième a une magnifique toison; un quatrième possède de superbes cornes, etc.

Quand le garde-champêtre imaginaire apparaît et leur dresse procès-verbal, les bergers réclament, disent qu'ils n'ont fait aucun mal, qu'ils ont le droit d'être dans cette prairie.

J'interviens alors, et prenant Emile à part, je lui fais observer que nous sommes seuls, et que, pour éviter le procès-verbal, nous n'avons qu'à nous débarrasser du garde-champêtre. Je lui offre un revolver qu'il décharge sans hésitation sur son ennemi. Je me dirige du côté où il a fait feu, je me baisse pour regarder la victime, je dis qu'elle est bien morte, mais qu'il faut maintenant faire disparaître le cadavre. « Justement, dit l'un d'eux, voilà un fossé; nous allons l'y mettre et nous le recouvrirons de feuilles. »

Émile et Benoît font mine alors de prendre le corps, l'un par les pieds, l'autre par la tête, le soulèvent avec effort, le portent dans un coin, et amassent dessus des feuilles avec les pieds et avec les mains.

Je commande d'une voix forte : « Vous ne vous souvenez de rien ! » Les deux sujets font une forte inspiration, écarquillent les yeux et reviennent à l'état normal sans souvenir.

XI

Sujets. — Gabrielle, 18 ans, couturière à Blois, Benoît et Émile.

Suggestion. — « Vous vous réveillerez tous trois au moment où M. A. se mouchera.

« Gabrielle ! au réveil, vous serez âgée de trente ans et maîtresse d'un atelier de couture ; Benoît et Émile seront vos ouvrières.

« Benoit ! au réveil, vous serez une jeune fille de 15 ans, couturière chez Mme Gabrielle; vous vous appellerez Félicie.

« Émile ! au réveil, vous serez une jeune fille de 18 ans, ouvrière chez Mme Gabrielle ; vous vous appellerez Valentine.

« Toutes les trois ! écoutez-moi bien : vous serez dans votre atelier, vous ne verrez, vous n'entendrez personne autre dans le salon que moi. Au bout d'un instant vous trouverez qu'il fait très chaud et qu'il y a de mauvaises odeurs. Vous irez ouvrir une fenêtre ; vous entendrez la musique militaire dans le lointain ; vous verrez passer le 113° ; Madame L., ici présente, viendra alors commander une robe.

« Gabrielle ! vous lui prendrez mesure ; Mme L. vous paiera un compte qu'elle a chez vous avec trois pièces de 20 francs. Vous ne saurez plus écrire, vous chargerez Félicie de lui faire un reçu avec le papier et l'encre qui sont sur la table, et de signer pour vous.

« Félicie ! au moment où vous signerez votre nom, vous serez paralysée des bras et des jambes. »

Effet. — La scène commence comme je l'ai indiqué. Gabrielle distribue le travail ; chaque fois qu'elle détourne la tête, E. et B., qui cousent des étoffes imaginaires, chuchotent entre eux et projettent une promenade sur le Mail avant de rentrer chez leurs parents ; ils baissent les yeux sur leur travail quand Gabrielle les regarde. — B. se lève en disant que ça sent mauvais, qu'on étouffe ; il va ouvrir et prête l'oreille. Les deux autres vont le rejoindre à la fenêtre, l'un fait remarquer le tambour-major, l'autre le colonel qui passent. Je demande quel air joue la musique ; B. me répond que c'est la marche ordinaire du régiment. Au bout de quelques minutes, tous trois reprennent leur travail.

Mme L. s'avance alors et demande qu'on lui prenne mesure. Gabrielle cherche quelque chose et finit par dire qu'elle a égaré son mètre. Je lui en donne un et elle prend ses mesures. Mme L. dit qu'elle veut régler son compte qui est de 60 francs, et elle donne trois sous en demandant un reçu.

Gabrielle dit d'un air embarrassé qu'elle ne sait pas bien écrire, mais que Félicie va le faire pour elle.

Pendant que Benoît fait le reçu je tourne les sous qui sont sur la table ; je fais observer qu'il y a en ce moment beaucoup de pièces fausses et que celles-là n'ont pas l'air d'être bonnes. Benoît les fait sonner et dit qu'elles sont excellentes ; j'insiste, il me répond vivement qu'il s'y connaît aussi bien que moi et continue son reçu.

Aussitôt après avoir signé, il paraît souffrant ; je m'informe de ce qu'il a ; il dit qu'il ne peut plus remuer, qu'il se trouve mal.

Emile et Gabrielle le regardent étonnés et anxieux. Je demande à Gabrielle si cela est arrivé quelquefois à Félicie, elle me répond que non ; c'est la première fois qu'elle voit pareille chose. « Y a-t-il longtemps qu'elle travaille chez vous ? — Oui, monsieur. — Comment s'appelle-t-elle ? » Gabrielle hésitant à répondre, je lui dis : « Vous voyez bien que vous la connaissez à peine, vous ne savez même pas son nom. — Elle interroge des yeux Emile qui lui souffle : Félicie ! — Ah ! oui, Félicie : mais je suis si troublée. »

Je mets fin à la scène en disant d'une voix impérative : « Réveillez-vous! » Tous trois font un soubresaut, respirent bruyamment et ont oublié ; la paralysie de Benoit a disparu.

XII

Sujet. — Benoît.

Suggestion. — « Vous viendrez me voir dans deux jours, à 3 heures. »

Effet. — Le lendemain je rencontre Benoît qui me dit : « Vous m'avez dit de venir vous voir demain, n'est-ce pas?»

Remarque. — C'était la première suggestion à échéance que je donnais à B. qui avait alors été rarement endormi. Le fait du souvenir, à l'état de veille, de la suggestion donnée pendant le sommeil, ne s'est plus représenté depuis.

XIII

Sujet. — Benoît.

Suggestion. — « Dans quinze jours, à 5 heures 1/2, vous aurez le pouce de la main droite contracturé et vous viendrez me le montrer. »

Effet. — L'effet a eu lieu quinze jours après. B. était à la pêche à plusieurs kilomètres de Blois quand, tout à coup, à 6 heures 1/2, sa ligne est brusquement secouée, et à son grand étonnement il constate que c'est par suite de la contracturation brusque de son pouce. Il pensa à venir me demander l'explication de ce fait, mais, comme il était trop loin, il remit la chose au lendemain.

Remarque. — On voit par cet exemple le danger des suggestions. Si j'avais dit à Benoît : « La première fois que vous irez vous baigner dans la Loire vous aurez une contracture générale, » il se serait certainement noyé. Comment aurait-on pu reconnaître l'auteur de cet assassinat ?

XIV

Sujet. — Benoit.

Suggestion. — « Vous saignerez du nez dix minutes après que je vous aurai réveillé. »

Effet. — Le saignement de nez n'a pas lieu, mais, au

bout de dix minutes, la face est fortement congestionnée et Benoît demande qu'on ouvre la fenêtre parce qu'il se sent très mal.

<h2 style="text-align:center">XV</h2>

Sujet. — Benoit.

Suggestion. — Je trace sur la paume de la main de Benoît un petit cercle et je luis dis : « Dans quinze jours le sang suintera dans ce cercle et vous viendrez me le montrer. »

Effet. — Le suintement n'a pas lieu et Benoît ne pense pas à venir chez moi le quinzième jour.

Observations. — M. Focachon, pharmacien à Charmes, a appliqué sur l'épaule d'une somnambule huit timbres-poste en lui suggérant qu'on lui appliquait un vésicatoire. Au bout de 3o heures, quatre ou cinq cloches s'étaient développées, et, quinze jours après, le vésicatoire était encore en pleine suppuration.

A Rochefort, M. Bourru, ayant mis en somnambulisme le jeune fantassin de marine sur lequel il a fait ses expériences relatives à l'action des médicaments à distance, lui ordonna de venir le trouver quelques heures plus tard et de saigner du nez ; à l'heure dite, le soldat vint et quelques gouttes de sang suintèrent de la narine gauche.

Le même expérimentateur traça sur les deux avant-bras du même sujet le nom de ce jeune homme avec une pointe mousse ; puis il le mit en somnambulisme et lui dit : « A quatre heures, ce soir, tu t'endormiras et tu saigneras du bras sur les lignes que je viens de tracer de sang. » A quatre heures, on le voit s'endormir ; au bras gauche, les caractères se dessinent en relief et en rouge vif, et quelques gouttelettes de sang perlent en plusieurs endroits. Trois mois après, les caractères étaient encore visibles, bien qu'ils eussent pâli peu à peu.

Le Dr Mabille, directeur des aliénés de Lafond, près la Rochelle, eut plus tard l'occasion d'observer ce jeune soldat, qu'on avait envoyé en traitement chez lui, et il constata chez lui un accès de somnambulisme spontané où le malade, dédoublant pour ainsi dire sa personnalité, se suggéra à lui-même des stigmates hémorragiques au bras, répétant ainsi le phénomène merveilleux de la fameuse stigmatisée Louise Lateau[1].

XVI

Sujet. — Benoît.

Suggestion. — « Un instant après votre réveil vous verrez mon fils Henri (absent), qui vous demandera de vos nouvelles, vous prendra la main et avec son doigt vous fera rider la peau comme cela. »

Effet. — Le sujet voit mon fils, il l'entend, il le sent, mais aucune ride ne se produit.

XVII

Suggestion à l'échéance d'un an[2].

Sujet. — P. N., de Nancy, jeune homme déjà plusieurs fois hypnotisé.

Suggestion. — « Dans un an à pareil jour (c'était le

---

[1] BERNHEIM, *De la suggestion*, p. 78.
[2] Cette expérience est de M. Liégeois (*Revue de l'hypnotisme*, 1er nov. 1886).

12 octobre 1885), voici ce que vous aurez l'idée de faire :
Vous viendrez chez M. Liébeault dans la matinée ; vous
nous direz que vos yeux ont été si bien depuis un an que
vous devez aller le remercier, lui et M. Liégeois. Vous
exprimerez votre gratitude à l'un et à l'autre, et vous leur
demanderez la permission de les embrasser, ce qu'ils vous
accorderont volontiers. — Cela fait, vous verrez entrer dans
le cabinet du docteur un chien et un singe savants, l'un
portant l'autre ; ils se mettront à faire mille gambades et
mille grimaces, et cela vous amusera beaucoup. Cinq
minutes plus tard vous verrez entrer un bohémien suivi
d'un ours apprivoisé ; cet homme sera heureux de retrouver son chien et son singe qu'il craignait d'avoir
perdus. Et, pour divertir la société, il fera danser son
ours, un ours gris d'Amérique, de grande taille, mais
très doux et qui ne vous fera pas peur. Quand il sera sur
le point de partir, vous prierez M. Liégeois de lui donner
dix centimes comme aumône et vous les lui remettrez
vous-même. »

Effet. — Le 12 octobre 1886, M. Liégeois s'était rendu
chez M. Liébeault, avant neuf heures ; à neuf heures et
demie, ne voyant rien venir, il était retourné chez lui et
supposait que la suggestion faite un an auparavant ne
produirait aucun effet. Mais le jeune P. N. arriva à 10 h.
10 m. Il adressa à M. Liébault les remerciements dont
l'idée lui avait été suggérée et demanda si M. Liégeois ne
viendrait pas. Celui-ci, prévenu par un exprès, se hâta de
se rendre de nouveau à la clinique du docteur. — A peine
est-il arrivé que P. N. se lève et vient lui exprimer les
mêmes sentiments de gratitude qu'il avait déjà témoignés
à M. Liébeault. Puis l'hallucination, jusque-là retardée
par l'absence de M. Liégeois, se produit exactement dans
l'ordre prévu : N. voit entrer un singe et un chien savants
qui se livrent à leurs exercices ordinaires ; il s'en amuse

beaucoup ; ces exercices terminés, il voit le chien s'avancer vers lui et faire la quête tenant une sébile dans sa gueule ; il emprunte dix centimes à M. Liégeois et fait le geste de les donner au chien ; enfin, il voit un bohémien qui emmène le singe et le chien. L'ours ne parut pas, et N. ne songea pas à embrasser MM. Liébault et Liégeois.

Remarque. — L'expérience terminée, N. se plaint d'être un peu « énervé ». M. Liégeois l'endort du sommeil somnambulique pour le calmer et le remettre en parfait état. Pendant qu'il est ainsi endormi, il lui dit : « Pourquoi avez-vous vu tout à l'heure ce singe et ce chien ? — Parce que vous m'en aviez donné la suggestion, le 12 octobre 1885. — Ne vous êtes-vous pas trompé d'heure ? Je croyais vous avoir indiqué neuf heures du matin. — Non, Monsieur, c'est vous qui faites erreur ; vous m'avez endormi, non sur le banc où je suis en ce moment, mais sur celui qui est en face ; puis vous m'avez fait aller avec vous dans le jardin et vous m'avez dit de revenir dans un an à pareille heure. Or il était 10 heures 10. Je suis arrivé tout à l'heure à 10 heures 10. — Mais pourquoi n'avez-vous vu aucun ours et ne nous avez-vous pas embrassés, M. Liébault et moi ? — Parce que vous ne m'avez dit cela qu'une fois, tandis que le reste de la suggestion avait été dit deux fois. »

Au bout de dix ou quinze minutes, N. est réveillé ; il est en parfaite santé ; il n'a aucun souvenir de ce qu'il a vu, fait ou dit en vertu de la suggestion de l'année précédente ; il a également oublié ce qu'il vient de dire pendant le sommeil somnambulique.

XVIII

Auto-suggestion. — Benoît rêve pendant la nuit que j'exécute sur lui des expériences de polarité. Il se réveille avec la jambe contracturée; il se décontracture en touchant, conformément aux lois de la polarité, la jambe de son jeune frère qui couche dans le même lit.

XIX

Illusion de vue à distance. — Benoît étant en somnambulisme, je lui demande à quoi il pense. Il me répond que c'est à sa mère, qui en ce moment est à Tours, et dont il est inquiet parce qu'il n'en reçoit pas de nouvelles; il craint qu'elle ne soit malade. — « Eh bien! allez la voir à Tours. — Je la vois. — Que fait-elle? — Elle est couchée; ma sœur est auprès d'elle. Ah, mon Dieu! elle est encore plus malade ; mon beau-frère part pour aller chez le pharmacien. — Par quelle rue passe-t-il? — Par la rue X, il prend la rue Y, il entre chez le pharmacien, il présente une ordonnance, on lui donne un flacon. — Qu'y a-t-il dans ce flacon? — Je ne sais pas : c'est une poudre blanche. — Pouvez-vous lire l'ordonnance? — Non. »

La succession si rapide des événements décrits me fit supposer qu'il n'y avait nullement vision à distance et je cessai l'expérience. Mais, comme il aurait pu se faire que Benoît eût décrit, comme présents, une série de faits déjà accomplis, je m'informai plus tard de ce qui s'était passé en réalité : la mère n'avait point été malade, Benoît avait *vu* ses propres pensées.

Ch . Richet a fait des observations analogues ; comme Bernheim et comme moi, il n'a jamais trouvé la lucidité chez aucun sujet.

XX

Retard des perceptions. — Benoît est en somnambulisme les yeux ouverts. Je lui demande s'il peut lire le titre d'un livre que je mets devant ses yeux, il me répond que non. J'abaisse alors peu à peu le livre en répétant ma question. La réponse est négative jusqu'à ce que le livre soit arrivé près de l'aine. Là, il lit.

Une autre fois, dans les mêmes conditions, je lui présente un livre, il ne peut pas en lire le titre. Je porte l'objet derrière un objet opaque, il lit.

Ces deux expériences semblent, au premier abord, confirmer la vue par l'épigastre ou à travers les corps opaques que l'on produit, dit-on, dans le somnambulisme des magnétiseurs. Il n'en est rien cependant. Le phénomène paraît être dû ici à un retard de perception, car si pendant le transport du livre on le retourne, le sujet n'en lit pas moins le titre qu'il avait vu primitivement sans le lire.

XXI

Hyperesthésie de la vue. — Je donne à Benoît un morceau de carton en lui suggérant que c'est un miroir. Il se regarde, arrange ses cheveux et sa cravate. Je place un vrai miroir derrière lui de telle manière que le reflet se

---

¹ *L'homme et l'intelligence*, p. 178.

porte sur le carton, il voit le derrière de sa tête. Je place mon doigt derrière sa tête contre le miroir, il reconnaît mon doigt. Je place au même endroit ma montre que je retourne plusieurs fois, il voit tantôt de l'or, tantôt du blanc (le cadran), mais sans pouvoir préciser l'objet.

XXII

Hyperesthésie de la mémoire. — J'ai reporté par suggestion tous mes sujets à l'époque où ils apprenaient à lire à l'école. Tous m'ont donné sans hésiter les noms de leurs maîtres et le nombre des élèves des diverses classes, renseignements qui ont été reconnus exacts par diverses personnes et qu'ils ne pouvaient me donner qu'en partie à l'état de veille.

XXIII

Sujet. — Marie. 24 ans, repasseuse à Blois.

Suggestion. — Marie avait à finir un ouvrage pressé pour le lendemain ; elle avait déjà veillé fort tard les nuits précédentes, et craignant de se laisser aller au sommeil, elle me prie de lui ôter l'envie de dormir ce soir-là. Je l'endors avec la main et lui dis : « Vous n'aurez pas sommeil cette nuit ! »

Effet. — La suggestion s'accomplit beaucoup trop littéralement, car, son travail fini, Marie se coucha et ne put s'endormir avant le matin.

Un autre jour, dans les mêmes circonstances, elle me fit la même prière ; j'eus soin de lui enjoindre de n'avoir pas sommeil tant qu'elle travaillerait, ce qui eut lieu. Elle s'endormit dès qu'elle fut au lit.

XXIV

Sujet. — Benoît.

Suggestion. — « Dans cinq jours, vous irez à 5 heures 1/2 chez M. I. et vous lui donnerez un coup de poing. »

Effet. — Cinq jours après, B. sort de son bureau à l'heure ordinaire (5 heures) ; il avait une commission à faire chez M. A. qui loge dans un quartier de la ville très éloigné de celui où demeure M. I. Il se dirige du côté de la maison de M. A. ; mais, arrivé presqu'à la porte (il était près de 5 heures 1/2), il lui vient l'idée d'aller chez M. I. Il se raisonne, il se dit qu'il ira après avoir fait sa commission qui est pressée et qu'il n'aura pas le temps de revenir avant son dîner. Vains efforts. La *curiosité* l'emporte, il faut qu'il aille voir pourquoi il a envie d'aller chez M. I. Il y va. M. I. l'attendait sur le seuil. Ce n'est qu'en le voyant que l'idée vient à Benoît de lui donner un coup de poing ; il hésite encore quelques instants, puis il le lui donne en lui disant : « Je vous prie de m'excuser, mais c'est plus fort que moi ; j'ai une envie, il faut que je me la passe. C'est probablement une suggestion que m'a donnée M. de Rochas. »

Remarques. — De ce fait on peut tirer plusieurs remarques :

1° J'avais donné exprès à Benoît une suggestion qui devait le forcer à faire un long trajet avant de l'accomplir entièrement pour lui permettre de réfléchir à l'absurdité de l'acte qu'il allait commettre. On voit que la suggestion ne s'est présentée à son esprit que par portions successives dans l'ordre où je les avais énoncées. Un individu qui voudrait faire commettre un crime par suggestion pourrait donc formuler cette suggestion de telle sorte que l'esprit du sujet fût amené graduellement à admettre comme naturel et nécessaire un acte qui, dans son état normal, lui eût paru odieux.

2° Le coup de poing s'est transformé en une poussée anodine parce que j'avais affaire à un jeune homme très doux et ami de M. I. J'aurais pu facilement faire donner un coup de couteau si j'avais agi sur une nature brutale et ayant des raisons vraies ou imaginaires d'en vouloir à M. I.

3° Benoît à qui je n'ai donné en plusieurs mois que les trois suggestions à échéance ici rapportées, pour éviter de troubler son esprit, et que j'avais du reste prévenu, cette fois-là, de ne point s'étonner s'il lui arrivait quelque chose d'extraordinaire dans la huitaine parce que je faisais sur lui une expérience, n'a pas hésité à m'accuser. Mais j'aurais pu non-seulement ne point le prévenir, mais encore lui donner la suggestion de ne point penser à moi en cette circonstance et de nier que j'eusse jamais cherché à l'hypnotiser, si on le lui demandait.

XXV

Je trouve Benoît endormi naturellement sur la table, la tête sur ses deux bras croisés. Je lui parle, il ne m'entend pas ; je suppose d'après d'autres remarques, qu'il est dans la 3° phase léthargique du sommeil, et, par l'application de la main en hétéronome, je le ramène à l'état somnanbulique. Je lui parle, il m'entend. Je lui dis avec énergie, de manière à lui donner une suggestion aussi forte que possible : « Dans huit jours, vous me *volerez* l'encrier à ressort qui est sur ma table. » Il répond *oui* sans protestation.

Huit jours après, il vient chez moi, ainsi que je l'en avais prié à son réveil. Au bout d'une heure environ, je l'amène près de la table où était l'encrier ; il le regarde quelque temps à la dérobée, puis le prend, le tourne entre ses doigts tout en causant de choses et d'autres. Tout à coup, je le vois se frictionner vivement la tête d'une main, pendant que l'autre main tenant l'encrier se dirigeait vers la poche de sa redingote. Puis, tout ému, la figure rouge et la parole tremblante, il retire cette main, pose l'encrier sur la table et s'écrie : « Enfin ! je croyais que je ne pourrais pas en venir à bout. » — Il me raconte alors que, depuis son arrivée, il convoite de l'œil cet encrier, se disant qu'il serait bien commode pour lui, et résistant à l'envie de le prendre, et de le prendre sans qu'on le vît ; que lorsqu'il avait été à portée, il avait voulu au moins le regarder de plus près, et que, dès qu'il l'eut dans la main, cette main se dirigea vers sa poche par un mouvement involontaire. Effrayé de la faute qu'il allait commettre, il se hâta de se frotter le crâne pour faire partir la suggestion[1], s'il y en avait une. Il ne put y arriver qu'avec beaucoup de peine.

Observations. — On voit ici encore apparaître l'influence de la nature du sujet. Benoît résiste à une *tentation ;* il peut y succomber si elle est trop forte, mais il cherche auparavant tous les moyens de s'y soustraire. J'ai fait une expérience analogue avec un autre sujet qui n'a pas hésité à s'emparer d'un essuie-plume, après avoir pris toutes les précautions pour qu'on ne le vît pas et qui a nié le vol après l'avoir commis.

T. (de l'asile de Saint-Robert) était particulièrement remarquable dans ses ruses pour accomplir les suggestions. Je lui dis, dans le sommeil, de faire un pied de nez à Mᵐᵉ P., qu'il connaissait et respectait beaucoup. Au réveil,

---

[1] Voyez le § 3 du chapitre III.

il fait de grands gestes comme pour chasser des mouches et se dégourdir les bras, et chaque fois que ses mains passent devant son nez, il esquisse rapidement les mouvements typiques avec une figure indifférente. Je lui fais observer qu'il a l'air de faire un pied de nez à Mme P., il proteste avec indignation et trouve des explications à tous ses mouvements.

XXVI

Sujet. — Benoît.

Suggestion. — « A partir de demain jeudi, vous viendrez pendant trois jours ici, à 5 heures 1/2 ; quand vous entrerez dans ma chambre, vous croirez être mon fils Henri et vous ne redeviendrez Benoît qu'en sortant de ma chambre. »

Effet. — Le jeudi, à 5 heures 1/2, Benoît arrive ; il entre dans la maison sans sonner, contrairement à ses habitudes, monte rapidement l'escalier, entre dans ma chambre et va s'asseoir devant la table de mon fils Henri, absent depuis trois mois, en disant : « Je viens de faire une bonne promenade » (ce qui est inexact, car il sort de son bureau). — Avec qui étais-tu ? — Avec T. (un ami de mon fils qu'il connaît à peine) ; il m'a prêté ce livre (un livre qu'il tient à la main). — As-tu rencontré Benoît ? — Non, voilà bien trois mois que je ne l'ai vu. — Il est probablement absent ; aussi je vais tenter sur toi de nouvelles expériences qu'on m'a indiquées. — Mais tu ne réussiras pas, papa, tu sais bien que tu m'as essayé déjà et que je ne suis pas un sujet. — Essayons, donne-moi la main ? »

Je le contracture et le décontracture, à son grand étonnement, par des contacts en isonome et en hétéronome. Je le pince, je le pique ; je constate qu'il est insensible.

Je lui lis le récit des diverses expériences que j'ai faites
sur Bénoît en le priant de rectifier les erreurs s'il s'aper-

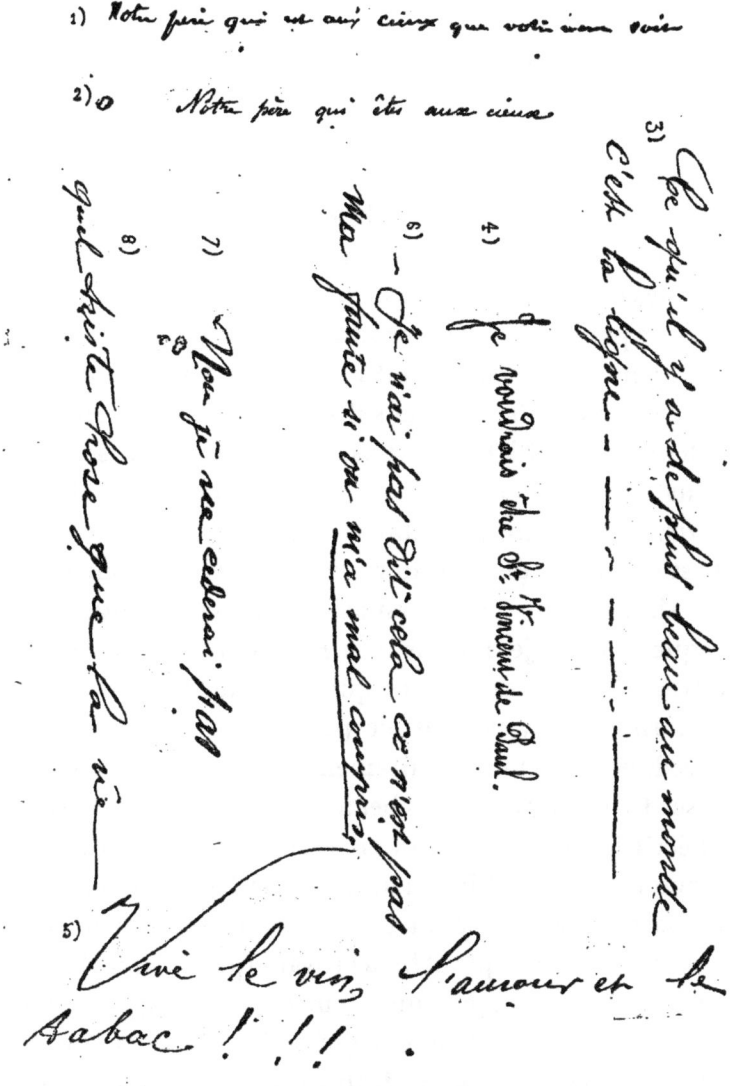

çoit que je me suis trompé dans la rédaction. Il a perdu
complètement le souvenir de quelques-unes et regrette de
ne point y avoir assisté ; il en trouve de très curieuses :

« Ce Benoit, dit-il, est décidément un sujet merveilleux. »
Pour d'autres, il se souvient, soit de les avoir vues,
soit d'avoir entendu Benoît nous faire part de ses
impressions.

Je l'endors par l'imposition de la main droite et lui
demande son nom, il me répond : *Benoît*. Je le réveille, il
est redevenu Henri. J'essaie de détruire la suggestion en
plaçant ma main en hétéronome sur la tête[1], mais en vain.

Je le prie d'écrire une phrase quelconque, il écrit la
phrase n° 1 et je vois avec étonnement que son écriture a
le même caractère que celle de mon fils, comme on peut le
constater par le n° 2 qui reproduit la même phrase. Il faut
remarquer, d'une part, qu'il n'a jamais vu, je crois, l'é-
criture de mon fils, et que s'il l'avait vue, ce serait il y a
longtemps et tout à fait par hasard. D'autre part, son écriture naturelle dont on trouve plus loin (p. 96, en tête) le
fac-simile est notamment différente.

J'essaie alors de lui donner diverses personnalités,
mais simplement par persuasion et sans suggestion
brusque. Ainsi je lui dis : « Figure-toi que tu es un
peintre, très épris de tout ce qui est beau, très amoureux
de la forme ; tu y es, n'est-ce pas ? » Son œil s'illumine,
il se redresse : « Oui, parfaitement. – Eh bien ! écris cette
phrase : Ce qu'il y a de plus beau au monde, c'est la ligne. »
Et il écrit la phrase (fig. 3), en ayant soin de prolonger la
2ᵉ ligne par un trait jusqu'au bout de la première. J'agis
d'une façon analogue pour lui donner les sentiments d'un
bon prêtre, bien simple et bien croyant (fig. 4), d'un joyeux
viveur (fig. 5), d'un calomniateur hypocrite (fig. 6), d'un
entêté (fig. 7), d'un homme dégoûté de l'existence (fig. 8).
A propos de cette dernière transformation, je lui fais observer qu'il a commis une faute d'orthographe ; il me

---

[1] Voir le § 3 du chapitre III.

répond avec un geste découragé : « Ah ! ça m'est bien égal. »

Je laisse aux graphologues le soin d'étudier si ces diverses écritures correspondent bien aux caractères suggérés ; on trouvera du reste, à la fin de ce chapitre (§ 3, B), des spécimens encore plus caractérisés obtenus par des suggestions plus intenses.

Nous passons dans une pièce voisine où ma famille est réunie, et, contrairement à *la lettre* de la suggestion, sa personnalité nouvelle persiste. Il s'assied près du feu, cause avec sa *maman*, avec sa sœur, avec son petit frère Louis en les tutoyant comme le fait mon fils ; s'apercevant que je suis debout, il se lève, et m'offrant son siège : « Je te demande pardon, papa. »

Je le prie de m'accompagner dans une course, il pense à son livre et va pour le fermer dans la bibliothèque, de peur que son frère Charles, qui est très étourdi, ne le lui égare. Comme il pleut, je lui offre un parapluie.

Dès que nous avons franchi le seuil de la maison, il reprend son individualité et m'appelle « mon commandant » ; il a passé sa journée au bureau, et ce n'est plus T., mais Mlle X. qui lui a prêté ce livre.

Le vendredi, à 5 heures 1/2, Benoît entre sans sonner comme la veille, se rend directement à ma chambre, s'assied devant la table de mon fils et se met à lire. Je n'étais point encore rentré ; un de mes enfants qui l'a entendu venir s'approche de lui et entame la conversation. Il trouve qu'il fait froid (la température étant cependant très douce); on l'invite à venir se chauffer dans une chambre voisine où l'on allume du feu : il parle aux uns et aux autres sans embarras.

J'arrive et je lui demande ce qu'il a fait du parapluie qu'il a emporté la veille ; il se souvient bien qu'il l'a pris, mais il a complètement oublié ce qu'il a pu en faire. Je le

Prie de me donner l'emploi de sa journée et de me dire où
en sont ses études ; il paraît embarrassé, cherche et finit
par me répondre qu'il a la tête lourde, qu'il ne se rappelle
de rien. J'insiste et ne peux rien obtenir pour le temps qui
s'est écoulé depuis son départ, la veille. Il s'inquiète de
cet état qui ne lui est pas habituel. Je le rassure en mettant
la chose sur le compte de la migraine. Je fais sur
lui quelques expériences de localisations cérébrales qui
donnent les mêmes résultats qu'à l'ordinaire.

Je lui propose de sortir avec moi ; il reprend son individualité dès qu'il a franchi le seuil ; il m'apprend qu'il a
laissé mon parapluie chez lui et qu'il me le rapportera le
lendemain.

Le samedi, à 5 heures 1/2, je vois par la fenêtre Benoît
arriver en courant, tête nue. Je vais à sa rencontre et
je le trouve dans le vestibule, arrêté devant le porte-
manteau, cherchant ce qu'il a pu faire de son chapeau ;
il s'est aperçu, en voulant l'accrocher, qu'il ne l'avait
pas. Je le rassure, et lui affirme en riant que je saurai
bien le retrouver. Quelques instants après, je le conduis
dans le jardin qui précède la maison et je lui demande
ce qu'il a fait de son chapeau ; il me raconte que son
chef ne voulait pas le laisser aller, qu'on lui avait caché
son chapeau pour le retenir, mais qu'il lui semblait que
j'avais besoin de lui, qu'il était parti malgré tout, et qu'il
avait traversé la ville en courant pour n'être point en
retard[1]. Nous rentrons et aussitôt il se met à chercher

---

[1] Son chef m'a appris, le lendemain, qu'en voyant Benoît si pressé
de partir, quoiqu'il n'eût pas terminé un travail dont il était chargé,
il s'était douté d'une suggestion et qu'il avait employé tous les
moyens possibles pour le retenir. Il lui avait demandé si je lui avais
dit de venir ; Benoît répondit que non, mais qu'il était persuadé que
je l'attendais. A mesure qu'on le raisonnait et que le temps s'écou-
lait, on le voyait s'agiter sur sa chaise, son visage changeait, ses
yeux s'exaltaient. Enfin, vers 5 h. 20, il ne put plus tenir en place
et s'élança brusquement au dehors.

çe que diable il a bien pu faire de son chapeau. Je lui répète de ne pas s'inquiéter, que je vais l'envoyer prendre.

Nous montons dans ma chambre. Je lui montre les diverses phrases qu'il a écrites la veille, il ne se souvient pas de ces changements de personnalité et s'étonne de nouveau d'être devenu aussi sensible que Benoît.

Je constate qu'il est insensible aux pincements et aux piqûres d'épingle, mais qu'il perçoit les impressions d'un corps froid ou d'un corps chaud.

Comme la veille, il a besoin de se chauffer. Je le mène auprès de ma famille avec laquelle il cause pendant une heure, le plus naturellement du monde.

J'essaie de nouveau, en plaçant ma main sur sa tête en hétéronome, de détruire la suggestion, le seul résultat que j'obtiens, c'est de le faire penser à Benoît. Je fais passer un courant voltaïque décontracturant par l'occiput[1], la pensée de Benoît revient plus intense : il a rencontré Benoît dans la journée, il lui a parlé. Je lui dis que j'espérais obtenir ainsi un changement de personnalité et lui faire croire qu'il était Benoît. — Oh ! cela ne va pas jusque-là, me répondit-il en riant[2].

Nous allons dîner (c'était la première fois qu'il venait à ma table). Il s'assied sans embarras à ma droite ; je lui fais observer que ce n'est point sa place ordinaire : « C'est vrai, quelle distraction ! » Pendant tout le repas, il mange de bon appétit, cause avec les différents con-

---

[1] Voir le § 3 de ce chapitre.

[2] J'avais opéré avec un seul élément de la force à peu près d'un volt ; quelques jours après, je donnai de nouveau à Benoît, en état somnambulique, la suggestion d'être Henri au réveil. J'avais alors une pile de deux éléments, je fis passer le courant de droite à gauche sur la nuque, le sujet ayant la tête tournée au midi ; j'évoquai d'abord ainsi l'idée de Benoît, puis, au bout de quelques instants, la suggestion fut complètement détruite.

vives, donne des ordres au domestique, juge de la bonté des mets quand je le pousse sur ce chapitre.

A la fin du repas, je l'endors par un brusque commandement et lui dis : « Vous n'êtes plus Henri, vous êtes Benoît ; vous vous rappellerez que vous venez de dîner ici. » Je le réveille aussi par commandement. Il secoue la tête, écarquille les yeux ; il est confus et se lève subitement pour prendre congé en me remerciant.

Je constate que la sensibilité cutanée est revenue.

Remarque. — Je n'ai point laissé continuer l'expérience jusqu'au dimanche pour voir si Benoît continuerait à venir à 5 heures 1/2. La suggestion paraissait devenir de plus en plus intense à mesure qu'elle se prolongeait et je craignais une nouvelle course sans chapeau à travers la ville.

Mon but était du reste atteint. J'avais reproduit artificiellement ce dédoublement de la personnalité dont on connaît un certain nombre de cas spontanés ; j'avais en outre vérifié, une fois de plus, que *le sujet, agissant sous l'influence d'une suggestion, présentait l'insensibilité cutanée, comme si une partie de sa sensibilité était absorbée par l'accomplissement de l'idée fixe qui hante son cerveau.*

XXVII

Double personnalité simultanée. — M. Pierre Janet a publié récemment[1] le résultat de ses observations et de ses expériences sur une jeune femme qui présentait, à la fois, deux personnalités : la première parlait et agissait suivant les habitudes normales du sujet, tandis que la seconde

[1] *Les actes inconscients et le dédoublement de la personnalité* (*Revue philos.*, déc. 1886).

écrivait en accomplissant, à l'insu de l'autre, une série d'opérations mentales différentes suggérées pendant le sommeil hypnotique.

J'ai essayé de reproduire ces phénomènes sur deux sujets très sensibles et possédant des propriétés différentes. Voici ce que j'ai obtenu :

J'ai donné à Benoît endormi la suggestion de résoudre au réveil, par écrit et sans s'en apercevoir, un problème d'arithmétique. Il l'a résolu, mais en interrompant de temps à autre sa conversation pour suivre ses calculs et en s'excusant de ces distractions par ce prétexte qu'il était très préoccupé de se rendre compte de quelque chose.

J'ai suggéré à Marie, également pendant le sommeil, de me donner, cinq minutes après le réveil, une communication écrite de M. V. sur un sujet déterminé (Marie est somnambule lucide, médium écrivain ; M. V. est son interlocuteur habituel dans le monde des esprits). — Rien ne s'étant produit, j'ai rendormi Marie et lui ai demandé si elle n'avait pas compris mon ordre. « Si. — Pourquoi alors ne l'avez-vous pas exécuté? — Il m'en a empêché. — Qui? — M. V. »

XXVIII

Suggestion par personne invisible. — J'ai dit à Benoît endormi : « Au réveil vous ne me verrez ni ne m'entendrez. » Au réveil, il ne me voit ni ne m'entend. Il me cherche, on lui répond que je suis sorti un instant pour affaire et qu'il s'est réveillé tout seul.

Je lui dis : « Regardez le tableau qui est à droite de la cheminée et demandez quel en est le sujet. » — Il hésite un instant, se tourne vers le tableau et dit : « Vous avez là un bien joli tableau ; je ne l'avais pas encore remarqué, mais je ne me rends pas bien compte du sujet. » — Je le pince, il ne me-sent pas; je le fais pincer par quelqu'un, il ne sent pas davantage[1].

Je dis : « Benoît est inquiet de savoir où est le commandant, il a envie de savoir s'il est dans sa chambre ; il va prendre une bougie[2] et se rendre dans cette chambre. » La suggestion s'exécute. Au moment où il prend un des flambeaux qui sont sur la cheminée, j'ajoute : « Ce flambeau est trop lourd ; il faut prendre celui qui est sur la table. » Il quitte le premier et prend le second.

Quand il revient de ma chambre, je prends le flambeau dans sa main ; il est stupéfait et s'écrie : « Voyez donc la bougie qui vole toute seule. Ah ! la voilà qui s'éteint (je venais de cacher la flamme avec l'autre main) .... mais c'est donc une séance de magie aujourd'hui. »

Au bout de quelques instants, il pense que tout cela est une suggestion, il se frotte vigoureusement la tête et toute illusion disparaît.

M. Liégois a fait une observation semblable racontée dans la *Revue d'hypnotisme* (1ᵉʳ août 1888). Il est donc établi que le sujet *perçoit* quand il semble ne pas percevoir. Ce sont là des phénomènes encore mal expliqués par ce qu'on appelle la théorie de l'*Inconscient*.

§ 2. — État cataleptique.

Par suite de l'inertie qui constitue la caractéristique de l'état de catalepsie, les membres du sujet, bien que présentant la plus grande souplesse, conservent très long-

---

[1] Cette insensibilité était due à ce qu'il se trouvait sous l'influence de la suggestion suivant la règle qu'on verra énoncée au § 3 de ce chapitre.

[2] La scène se passait dans la soirée.

temps l'attitude qu'on leur donne, quelque pénible qu'elle soit en apparence. Bien plus, le muscle proportionne le degré de sa contraction à la résistance qu'il doit vaincre, comme on peut s'en assurer soit en mettant le bras en extension et en chargeant la main d'un poids assez consi- dérable, soit en faisant reposer sur deux chaises, par la tête et par les pieds, le corps du sujet qui se maintient dans cette position aussi raide qu'une verge de fer[1].

De même, lorsqu'on imprime à un membre un mouve- ment rythmique quelconque, comme celui d'envoyer des baisers ou de balancer le bras, le mouvement se continue automatiquement jusqu'à ce que l'hypnotisé se réveille.

Si l'attitude donnée à un membre correspond à un état moral bien déterminé, telle que la colère, le défi, l'effroi, la prière, l'extase, l'amour, l'humilité, la tristesse, etc., le mouvement du membre provoque dans les autres parties du corps, et spécialement sur les muscles de la face, d'autres mouvements destinés à compléter l'expression du mouvement dont il s'agit.

L'effet inverse se produit, mais plus difficilement, en développant sur la face, par des contractures de polarité, le masque de l'horreur, par exemple. On voit alors les membres prendre peu à peu l'attitude qui convient à cet état de l'esprit et l'attitude se maintient ainsi jusqu'à ce qu'on vienne la changer.

Si maintenant, au lieu d'agir sur le corps du sujet, nous agissons sur son esprit, nous provoquerons des phéno- mènes tout à fait analogues.

N'ayant plus aucune idée qui lui soit propre, il suffit d'en insinuer une dans son cerveau pour qu'il la fasse sienne et l'accuse à l'extérieur avec toute l'énergie de son organisme concentrée sur une seule fonction.

---

[1] Tous les phénomènes indiqués ici ont été vérifiés par moi, sauf indication contraire, sur les six sujets précités.

Présentez brusquement devant ses yeux un objet quelconque, son regard s'y attachera et il n'aura plus d'autre
préoccupation que de ne point la perdre de vue[1]. Si vous
opérez la *prise du regard* avec l'extrémité des doigts de
votre main réunis en cône, vous pourrez, en dirigeant
cette main vers un point déterminé et en la retirant ensuite rapidement, fixer le regard du sujet sur ce nouveau point ; ce point peut même être imaginaire et déterminé pour lui simplement par la direction que vous avez
donnée à votre mouvement .

Si l'objet qui a pris le regard est, par exemple, un morceau de papier que vous déchirez et dont vous jetez les
morceaux à terre, le sujet s'y précipitera à leur suite et
son regard passera indéfiniment de l'un à l'autre sans
pouvoir se fixer sur aucun. Vous arriverez cependant à
vous faire entendre de lui par un commandement ferme,
et presque toujours il vous indiquera immédiatement
et exactement le nombre des fragments, si vous le lui
demandez.

On peut lui donner des suggestions immédiates. Mais au
lieu de les développer avec toutes leurs conséquences
comme dans l'état somnambulique, il les conservera telles
qu'il les a reçues. Ainsi en lui mettant entre les mains un
objet dont il connaît l'usage, comme une brosse, il fera
le geste de brosser et continuera automatiquement. Si je
lui dis qu'il a un oiseau dans la main, il le caressera, mais
toujours de la même façon.

S'il est sensible à la musique, l'audition d'un morceau

---

[1] C'est par ce procédé que Donato saisit ses sujets ; il se place vis-
à-vis d'eux et un peu de côté de manière que sa droite soit en conjonction isonome avec leur droite ; puis, par un mouvement brusque,
il plonge son œil droit dans leur œil droit, et il obtient ainsi sur la
partie droite seulement du sujet un commencement d'état cataleptique.

éveille successivement en lui une série d'émotions qui se trahissent par des gestes, et il suffit d'arrêter brusquement l'exécution pour fixer la pose que l'on désire. Certains airs provoquent les attitudes caractéristiques des passions que le musicien a voulu exprimer, tandis que d'autres, ceux dont l'expression est purement harmonique ou *décorative*, suivant l'heureuse expression de M. Léchalas[1], amènent uniformément l'extase[2].

Si l'on exécute devant le sujet une série d'actes, on le verra les reproduire exactement, quelle qu'en soit la nature : il rira, il pleurera comme il le voit faire ; il répétera les paroles, les chants qu'il entend, aussi exactement que le lui permettent ses facultés.

Qu'on lui affirme qu'il est triste ou en colère, fier ou humilié, son visage exprimera immédiatement ces émotions et restera en quelque sorte figé dans cet état.

Tous les phénomènes que nous avons décrits peuvent se reproduire d'un seul côté du sujet en agissant sur un seul hémisphère du cerveau ; on peut même provoquer des sentiments différents à droite et à gauche.

Braid, qui, le premier, a fait entrer dans la science officielle la connaissance de ces phénomènes, pensait que les attitudes cataleptiques avaient été utilisées, à cause du long temps pendant lequel elles peuvent se maintenir, par les anciens peintres ou sculpteurs pour la confection de leurs chefs-d'œuvre.

Il n'est pas douteux, m'a-t-on dit, que les bacchantes qui n'avaient pas conscience des blessures *(Non sentit vulnera Mœnas. — Ovide)* et dont l'état était une stupeur différente du

---

[1] *Sur le mode d'action de la musique (Revue philos.*, 1884).

[2] Ces phénomènes se produisent quand même le sujet, s'il est sensible à la musique, ne connaît ni les paroles ni la scène auxquelles ils se rapportaient. Il y a donc eu ici interprétation *physiologique* de la musique.

sommeil naturel (*Exsomnis stupet ævias*. — HORACE) ne fussent sous l'influence du sommeil nerveux : de là leur propension à la danse sous l'effet de la musique. De simples servantes sans éducation, sous l'influence de cet état nerveux, se meuvent avec la grâce et le cachet particuliers qui distinguent les danseuses de ballet les plus habiles. Il y a donc lieu de croire que non-seulement cette grâce parfaite d'attitude dans la sculpture et la peinture anciennes procédait de l'imitation des bacchantes et d'autres danseuses mystiques, mais encore, que les mouvements habituels aux danseuses de ballet de nos jours leur ont été transmis de l'Italie par reproduction des danses usitées dans les mystères grecs. Personne ne peut voir les filles de basse condition subir l'influence de la musique pendant le sommeil nerveux, sans reconnaître qu'à l'état de veille elles seraient incapables de se mouvoir avec l'élégance qui les caractérise pendant l'hypnotisme. Une telle faculté a sa source probable dans l'action pure et simple de la nature ; celle-ci enseigne à balancer parfaitement le corps dans tous ses mouvements complexes alors que le sens de la vue est suspendu[1].

On a vu tout à l'heure, à propos de l'effet de la musique, que l'extase (et j'entends ici par ce mot simplement l'attitude caractérisée par le renversement de la tête en arrière et la convulsion des yeux vers le haut) se présentait parmi les formes de l'état cataleptique.

Cette attitude se provoque très facilement chez beaucoup de sujets par des procédés divers, tels que la pression avec le doigt du milieu de la partie supérieure du front et certaines odeurs[2].

Les théologiens distinguent l'extase surnaturelle de l'extase naturelle, et sous ce dernier nom ils confondent divers états de l'hypnose.

Ainsi, parmi les causes qui peuvent produire l'extase naturelle, ils citent[3] :

---

[1] *Neurypnologie* (Trad. de Simon, p. 55).
[2] *Les forces non définies*, p. 356 et p. 329.
[3] Encyclopédie théologique de l'abbé Migne. — Diction. des miracles, v° *Extase*.

Les maladiés auxquelles les anciens donnaient le nom de *sacrées* parce qu'ils les attribuaient à l'opération directe de la divinité, telles que les affections hystériques, les maladies spasmodiques et certaines folies intermittentes ;

Certaines potions, onctions et odeurs ;

De longues méditations, des frayeurs subites ou prolongées, un jeûne excessif ;

Les passes des magnétiseurs ;

Enfin certains exercices corporels.

« Les devins de Laponie, dit l'abbé Migne, se mettent en extase en dansant et en frappant en cadence sur leurs tambours magiques ; les *barvas* de l'Indoustan s'exaltent de même jusqu'au délire, jusqu'à l'extase et au ravissement, par le moyen de la danse et de la musique[1] ; de même encore les derviches hurleurs de la Turquie et les Aïssaoua des États barbaresques. Certains moines du mont Athos, surnommés *Omphalopsychés*, à cause de leur genre de ravissement, se procuraient un délicieux délire en regardant fixement leur nombril, ils croyaient nager dans la lumière divine ; les fakirs de l'Inde connaissent aussi ce secret, il leur suffit de regarder le bout de leur nez de la même manière. On croit que les prêtresses des Germains se donnaient un semblable ravissement par le spectacle du tournoiement des ondes des grands fleuves[2]. Il n'est personne qui n'ait pu remarquer, en effet, que la fixité du regard sur un même objet donne promptement le vertige ; mais parmi ceux qui sont à même de l'observer, il n'en

---

[1] Dans l'Indoustan on n'admet comme prophètes ou barvas que ceux qui tombent en extase sous l'influence de la musique (*Nourelles annales des voyages*, t. XXVII). Elysée emploie l'aide d'un musicien pour exciter en lui l'esprit prophétique (IV. *Reg.* III, 15).

[2] PLUTARQUE, *Vie de César*, ch. XXI. — Saint CLÉMENT D'ALEXANDRIE, *Stromates*, liv. I.

est pas qui osent pousser l'expérience jusqu'au bout[1]. On a vu au XVe siècle, en Allemagne, une secte de fanatiques dont le principal exercice était de tourner sur eux-mêmes jusqu'à ce qu'ils tombassent épuisés, ravis, et dans une privation totale de sentiment. »

Il existe à Constantinople des derviches qui emploient encore aujourd'hui ce procédé.

Olaüs Magnus, cité par Dom Calmet[2], rapporte que les Botniens frappant, à coups de marteau, une grenouille ou un serpent d'airain placés sur une enclume, tombent évanouis et, pendant cet évanouissement, apprennent ce qui se passe en des lieux éloignés.

M. Boissière, vice-résident à Hanoï, m'écrit que les indigènes obtiennent le sommeil hypnotique en frappant du gong et du tamtam à l'oreille du sujet étendu de tout son long sous un voile blanc.

L'extase surnaturelle des théologiens présente beaucoup de caractères physiques communs avec l'extase produite artificiellement, et l'une a dû quelquefois être prise pour l'autre quand on accordait une grande importance au phénomène de l'insensibilité.

Le P. de Bonniot décrit ainsi[3] les accès de trois des plus célèbres extatiques

Christine de Stambèle fut un jour ravie en extase pendant qu'on chantait devant elle le cantique de saint Bernard. Son corps était raide et ne donnait plus signe de vie ; la respiration même était suspendue « Elle resta ainsi, dit un témoin oculaire, environ trois ou quatre heures, appuyée contre un banc, le visage et les mains enveloppées dans son voile. Puis elle se mit à soupirer en bâillant, de telle sorte que tout son corps était agité. » Ce n'est qu'au bout d'une heure que Christine recouvra la respiration normale, puis la parole, dont elle ne

---

[1] Ceci était imprimé en 1852.

[2] *Traité sur les apparitions des Esprits*, t. I., p. 250.

[3] *Opposition entre l'hystérie et la sainteté.* Paris, 1886, p. 26.

se servit que pour exprimer l'amour de Dieu qui remplissait son cœur. L'extase de Christine se renouvela, et toujours avec la circonstance de la raideur du corps. Elle ne tombait pas à terre, elle restait à genoux.

Sainte Catherine de Sienne, lorsqu'elle était en extase, avait les membres contractés, ses doigts s'entrelaçaient et tenaient avec force les objets qu'elle avait d'abord pris entre les mains ; ses bras et son cou avaient la rigidité du cadavre ; ses yeux étaient fermés. Après l'extase, elle était longtemps comme assoupie.

Saint Joseph de Cupertino, quand il était saisi par une effusion de l'amour divin, poussait un cri et tombait à genoux, les bras étendus en croix, les yeux élevés au ciel, de sorte cependant que la pupille était cachée par la paupière supérieure ; ses membres étaient raides et aucun souffle ne sortait de sa bouche.

On a vu que l'état cataleptique se détermine d'emblée, chez les sujets sensibles, par une action brusque. Les expériences de la Salpêtrière ont rendu célèbres les effets du gong et tout le monde connaît l'anecdote de l'hystérique immobilisée par le son de cet instrument résonnant dans une pièce voisine, au moment où elle était en train de dérober des photographies dans un tiroir. J'ai fait tomber Benoît en catalepsie à la distance de 150 mètres, en faisant simplement vibrer les plaques d'un téléphone par le mot *pstt* prononcé vivement : je l'ai réveillé, au commandement, par la même voie. Dites à un sujet de vous frapper et regardez-le brusquement au moment où son bras va vous atteindre, vous le fixerez dans cette position.

§ 3 — L'état de crédulité.

Les suggestions à l'état de veille ont été observées depuis Braid par tous ceux qui se sont occupés sérieusement d'hypnotisme et en particulier par Philipes, Charles Ricth

et Bernheim. Toutefois, elles sont encore assez peu con-
nues pour que, tout récemment, on ait encore mis en
doute leur réalité. De plus, on les considère comme spéciales à un petit nombre de sujets.

J'ai établi, par de nombreuses expériences, les points
suivants :

1° Dans l'état de crédulité, une idée quelconque du
sujet se transforme automatiquement en sensation ou en
acte, suivant sa nature ; les suggestions peuvent être à
échéance. Ces phénomènes sont donc identiques à ceux
qui se produisent dans l'état somnambulique, sauf, peut-
être, qu'ils présentent une intensité moindre.

2° L'état de crédulité est, de toutes les phases de
l'hypnose, la plus facile à provoquer ; il est intermédiaire
entre la veille et la 1re phase léthargique ; il se produit par
conséquent lorsque le sujet passe de l'une à l'autre, soit en
s'endormant, soit en se réveillant. Il peut être déterminé
même chez des sujets chez lesquels on ne peut arriver à
provoquer la léthargie.

3° L'état de crédulité peut être produit, suivant la sensibilité des sujets, par l'un quelconque des agents que
l'on a reconnus capables de provoquer une phase quelconque de l'hypnose, pourvu qu'on dose convenablement
cet agent. Il peut, comme les autres états, être provoqué
dans chaque moitié du corps séparément.

4° On peut, avec les substances présentant des polarités
suffisamment énergiques, déterminer, chez un très grand
nombre de personnes, en agissant directement sur les
organes des sens, un état de ces organes analogue à l'état
de crédulité, c'est-à-dire les rendre aptes à recevoir, sous
l'influence de la pensée du sujet, les hallucinations qui
leur sont spéciales. Ainsi, en appliquant un objet négatif,
un bâton de soufre par exemple, contre la narine droite

d'un sujet et en éveillant en lui l'idée d'une odeur déterminée, le sujet sent cette odeur[1].

5° Une hallucination ou une suggestion quelconque peut être détruite par tout agent qui réveille, ou, en d'autres termes, par tout agent qui rétablit l'activité cérébrale.

6° Quand l'hallucination se produit à la suite d'une action de polarité isonome sur l'organe d'un sens, on la fait disparaître par l'action d'une polarité hétéronome, et si l'on continue l'application de polarités hétéronomes, soit sur le cerveau, soit sur les organes des sens, on détermine des sentiments ou des sensations opposés à ceux qui avaient été primitivement suggérés.

7° Chez les sujets très sensibles, les actions en isonome et en hétéronome, exercées sur une partie quelconque du corps, peuvent, par une application suffisamment prolongée, se propager jusqu'au cerveau et déterminer tous les phénomènes décrits précédemment.

On voit, comme première conséquence de ces lois, qu'un sujet peut se donner à lui-même toute espèce d'hallucinations et de suggestions en fixant sa pensée sur ce qu'il désire et en se mettant en même temps en état de crédulité par l'un quelconque des procédés, propres à amener cet état, qui sont à sa disposition[2]. — *Inversement il peut, à*

---

[1] J'ai produit ces phénomènes sur beaucoup de gens que je n'ai pu amener même à l'état général de crédulité. D'après mes expériences, ce serait l'odorat qui serait le plus facile à halluciner, puis le goût, l'ouïe et enfin la vue. Pour la vision, on peut arriver à faire changer les objets de couleur plus facilement que de les faire disparaître. BRIERRE DE BOISMONT : *Les hallucinations*, pp. 129, 199.

[2] Braid avait déjà remarqué que certains sujets peuvent s'endormir eux-mêmes, et le Dr Liébeault cite (*Du sommeil et des états analogues*, p. 282) le cas d'un sourd-muet qui arrivait à se donner des hallucinations à l'aide desquelles il satisfaisait ses passions comme s'il avait eu la réalité auprès de lui.

J'ai rapporté, dans *Les Forces non définies*, p. 23, le cas de la malade du Dr Despine.

Cardan, dans le troisième chapitre du livre VIII de son ouvrage

l'aide d'une action en hétéronome ou de frictions éner-
giques sur le crâne, s'ôter lui-même les suggestions ou hal-
lucinations qu'une autre personne lui aurait données.

Je n'ai pas besoin, disais-je en 1886, de faire ressortir
l'importance considérable de pareilles constatations au
point de vue moral, si l'on vient à en reconnaître la gé-
néralité[1].

Or, depuis ce moment je n'ai cessé de constater la justesse de mes premières observations. Je n'ai du reste pas
été le seul, puisque le Dr Cazenave de la Roche a com-
muniqué à la Société de médecine pratique, dans la
séance du 4 décembre 1890, le cas suivant de suggestion
neutralisée dans ses effets post-hypnotiques par l'application de courants magnétiques :

« Il y a deux ans j'assistais avec quelques-uns de mes
confrères à une séance publique d'hypnotisme donnée
par le célèbre P... magnétiseur de profession. Sur sa
demande adressée à l'assistance, s'il se trouvait quelqu'un
désirant être hypnotisé, se présenta un jeune homme
d'une vingtaine d'années, fortement musclé, au front bas
et écrasé, à la physionomie vulgaire, du reste parfaitement inconnu de P...

« Après avoir profondément endormi le jeune C., P.
lui suggestionna qu'il aurait à se rendre le lendemain

---

intitulé *De rerum varietate,* prétend qu'il possède trois dons ad-
mirables.

Le premier, c'est de tomber en extase à volonté (*quod, quoties
volo, extra sensum, quasi in extasim transeo*).

Le second, c'est de voir, quand il lui plaît, des objets étrangers
avec les yeux de l'esprit et non avec ceux du corps.

Le troisième, c'est d'être prévenu en songe de tout ce qui doit lui
arriver.

[1] On s'en est d'abord beaucoup moqué (*Charivari* du 8 Juillet
1887), puis on a essayé de s'attribuer le mérite de l'observation.

matin à 11 heures à la villa du Dr X., située à 4 kilomètres ;
qu'il pénétrerait dans la maison, entrerait dans le cabinet du Dr X., qu'il écrirait sur une feuille de papier la
déclaration suivante : *Je suis un voleur*, avec sa signature
au bas.

« Inutile de dire qu'une fois réveillé, le jeune C. ne

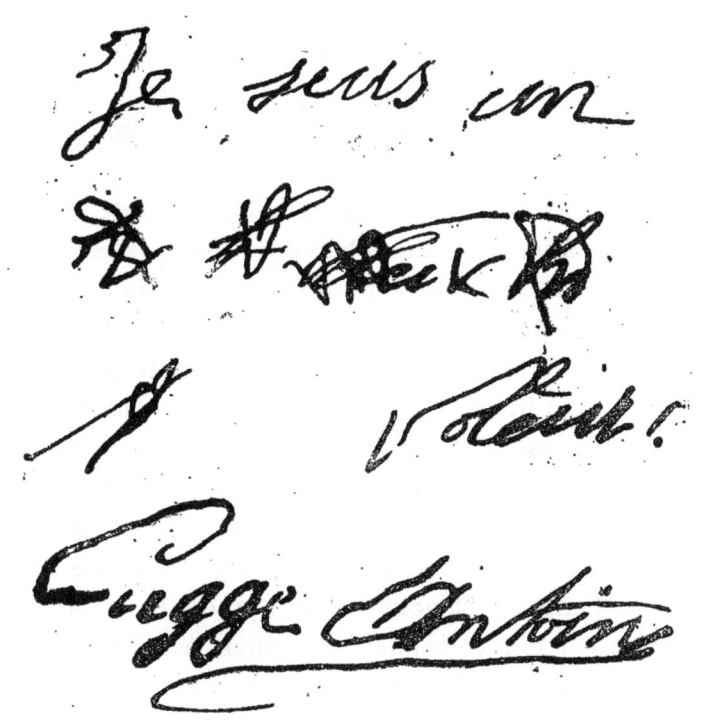

conservait nulle souvenance de ce qui s'était passé durant
le sommeil magnétique.

« Le lendemain matin, le jeune C. se rend, selon son
habitude, à l'atelier, se met tranquillement au travail,
sans que rien dans sa physionomie, dans son attitude ou
son langage, dénote le plus léger trouble intérieur. A 11
heures sonnant, C. se lève brusquement, le regard fixe,

les traits contractés, s'élance au dehors, écartant violemment tous ceux qui cherchent à lui barrer le passage. Arrivé dans la rue, apercevant plusieurs groupes èchelonnés le long du chemin qu'il a à parcourir, il se jette à travers champ, saute des haies, franchit des fossés, et arrive tout en nage, le visage bouleversé, à la villa du Dr X. qui l'attendait. Conduit dans le cabinet de notre confrère, il se précipite sur une feuille de papier et d'une main fiévreuse commence à écrire les mots suivants : « *je suis un v.* » Au même instant, le D^r approche de la nuque de C. un aimant en position hétéronome et perpendiculairement à l'axe du corps.

« Ici commence une scène palpitante d'intérêt pour l'homme de science et inoubliable pour les assistants. A peine l'aimant est-il appliqué que C. est pris d'une agitation subite, le visage exprime le malaise et la souffrance : les bras raidis font des efforts violents pour écarter un obstacle invisible et comme pour se soustraire à une douloureuse étreinte : sa main crispée efface la lettre *v* et la remplace par la syllabe *hon*. Alors le docteur éloigne l'aimant et au même instant C. rature la syllabe *hon* et lui substitue la voyelle *vol*. Nouvelle application de l'aimant et nouvelle rature de la syllabe *vol* remplacée par le mot *honnête* en entier. A ce moment, le système nerveux tendu en est arrivé à un tel diapason d'hyperesthésie que, craignant les graves conséquences que pourrait entraîner pour le sujet cette lutte trop prolongée entre deux courants d'origine différente, nous mettons fin à cette curieuse expérimentation. Le docteur retire définitivement l'aimant, et alors la suggestion reprenant le dessus, le jeune C. efface le mot *honnête* et écrit délibérément : *Je suis un voleur*, et il signe. »

« J'ai soigneusement conservé ce précieux autographe dont les nombreuses ratures témoignent du terrible combat qui s'est livré dans le cerveau de C. entre la suggestion et le courant polaire de l'aimant. »

J'ai constamment observé aussi, depuis plus de dix ans, que les sujets étaient complètement insensibles aux actions qu'on pouvait exercer sur leur peau quand ils se trouvaient sous l'influence d'une suggestion suffisamment intense. Cette insensibilité est due sans doute à la concentration de l'attention du sujet sur la suggestion qui s'est emparée de son esprit : c'est toujours l'histoire d'Archimède.

Toute personne, se sachant sujet et se sentant poussée à commettre des actes anormaux, ou éprouvant des sensations qu'elle a quelque raison de croire hallucinatoires, n'aura donc qu'à se pincer pour savoir si elle possède sa sensibilité ordinaire. Si elle l'a perdue, c'est qu'elle est sous l'influence d'une suggestion, et elle n'a, pour la faire disparaître, qu'à rétablir la circulation cérébrale en se frottant la tête. Il est du reste de son intérêt de s'exercer à employer le moyen que je viens d'indiquer, car l'expérience prouve que beaucoup de sujets peuvent s'habituer à surmonter l'espèce de stupeur où les plonge la suggestion, stupeur qui les empêche d'avoir des idées autres que celles qu'on leur a imposées.

Un hypnotiseur habile saura, il est vrai, formuler ses ordres de manière à déjouer toute espèce de résistance ; mais presque toujours, ici comme ailleurs, c'est un détail négligé par le criminel, qui le dénonce, et celui qui a des intentions coupables sera retenu par le seul fait qu'il ne sera plus sûr de l'automatisme de la victime.

Je vais maintenant étudier d'une façon plus approfondie une partie des phénomènes énoncés ci-dessus.

A. — *Production de l'état de crédulité.*

Les procédés qui déterminent le ralentissement de la circulation cérébrale, et par suite l'état de crédulité, peuvent se diviser en quatre groupes : les premiers dérivent d'une vive surprise ; les seconds, de la suspension de la pensée ; les troisièmes, de la polarité ; les quatrièmes, des agents électriques, et les cinquièmes, d'actions mécaniques diverses.

1er GROUPE

L'*injonction brusque* peut réussir chez des personnes très impressionnables, quand elles ne seraient pas susceptibles d'atteindre une phase plus avancée de l'hypnose. L'ordre doit être court, prononcé nettement et en surprenant le sujet. Avec un peu d'habitude on arrive à reconnaître le petit tressaillement qui indique que la suggestion a *pris*. On peut ainsi, au commandement, rendre à la fois toute une assemblée de sujets aveugles, sourds, muets, boiteux, paralytiques, et les guérir ; leur enlever et leur rendre la sensibilité ou la mémoire ; leur faire croire qu'ils sont possédés du diable ou transformés en animaux dont ils imitent les cris et les mouvements ; les faire avancer ou reculer, tomber à terre et se relever, dormir et se réveiller ; les enfermer dans un espace dont ils ne peuvent plus sortir, les empêcher de pouvoir vous atteindre avec l'arme qu'ils tiennent à la main, etc., etc. Ces effets sont très dramatiques et se produisent avec une intensité d'autant plus grande qu'il y a plus de sujets réunis, soit par l'effet de l'instinct d'imitation, soit par celui de courants induits encore mal connus.

Une *lumière vive et subite* comme celle du magnésium ou un rayon électrique peuvent également *dynamiser* les idées que le sujet a dans l'esprit ; mais presque toujours cette action est trop violente et détermine d'emblée l'état cataleptique, ainsi que je l'ai déjà signalé pour les bruits de même nature.

On a observé bien des fois que *la peur* donnait des hallucinations[1]. Il y a 25 siècles, Job décrivait ainsi le phénomène (IV, 15) :

Dans les pensées issues des visions de la nuit, lorsqu'un sommeil profond est tombé sur les hommes, la peur vint sur moi, et un tremblement qui faisait craquer tous mes os. Alors un esprit passa devant ma face. Le poil de ma chair se hérissa. Je m'arrêtai, mais je ne pus distinguer sa forme : une image passait devant mes yeux, et au milieu du silence j'entendis une voix me disant : « L'homme mortel sera-t-il plus juste que Dieu ? »

Les fantômes perçus dans l'obscurité par les enfants et les poltrons ne sont que la matérialisation de leurs pensées.

Au moment où la peur a mis une masse d'hommes dans l'état de crédulité, il suffit du moindre son, du moindre jeu de lumière déterminant chez l'un d'eux une illusion pour que cette illusion se propage avec la rapidité de l'éclair et entraîne la troupe tout entière dans une fuite désordonnée. Inversement, qu'un chef, saisissant le moment psychologique, commande l'attaque, la suggestion aura son effet et on verra se produire ce que dans l'armée on appelle une *panique en avant*.

Une *émotion vive* produit le même effet que la peur.

« Je me trouvais à Paris, rapporte Wigan[2], à une soi-

---

[1] BRIERRE DE BOISMONT : *Les hallucinations*, pp. 122, 199.
[2] *New view of insanity*. London, 1844, p. 56.

rée de M. Bellart, quelques jours après l'exécution du prince de la Moscowa. L'huissier, entendant le nom de Maréchal aîné, annonça M. le maréchal Ney. Un frisson électrique parcourut l'assemblée, et j'avoue, pour ma part, que la ressemblance du prince fut, pendant un instant, aussi parfaite à mes yeux que la réalité. »

Je dis à Benoît de penser à un objet quelconque, à mon chien par exemple, puis de se donner à lui-même une secousse comme s'il avait peur, il voit alors apparaître, comme un éclair, la tête ou une partie plus considérable du corps du chien, suivant l'intensité de la secousse. L'effet est naturellement plus complet si c'est moi qui lui fais peur.

On voit par ce qui précède que rien n'est plus facile, pour un juge d'instruction, que d'arracher par la brusquerie ou la fixation des yeux, à un témoin ou à un prévenu sensitif, toutes les dépositions, tous les aveux qu'il voudra. Le juge peut créer, par suggestion, les souvenirs les plus précis, qui s'évanouiront quand le sujet sera revenu à son état normal. Celui-ci niera alors, de la meilleure foi du monde, ce qu'il aura dit ; mais il suffira, pour le remettre dans la voie de ses prétendus aveux, de le ramener à l'état où la suggestion s'est prescrite.

J'ai fait à ce sujet de très nombreuses expériences absolument concluantes, devant des magistrats de Blois, de Grenoble et de Paris, avec des sujets très sensibles, il suffit de les regarder tantôt dans les yeux, tantôt sur le front (*voyez* p. 3o), pour leur faire perdre ou leur rendre la mémoire de leurs dépositions suggérées.

2ᵉ GROUPE

Le procédé le plus connu pour suspendre là pensée consiste à *fixer* un point brillant. Il a été employé par les sor-

ciers et les devins de tous les temps et a été le point de
départ de plusieurs branches de sciences occultes.

Maintes fois j'ai fait apparaître dans un diamant, sur
mon ongle imbibé d'huile, dans une carafe, sur un flot
de la Loire, dans une étoile, la chose que le sujet désirait,
sans que je susse moi-même quelle était cette chose.

Si, quand le sujet est en état de crédulité, je porte son
esprit sur une scène, même compliquée, en évoquant ses
souvenirs ou son imagination à propos du caractère des
personnages, il les voit agir, il les entend parler. Ainsi
j'ai fait assister Benoît à une séance du Conseil municipal
de Blois et Gabrielle à l'expulsion des religieuses d'un
couvent. Un spectateur aurait certainement pu croire à
des phénomènes de vue à distance ou de prévision.

Il n'est même pas besoin, pour un sujet très sensible, que
l'objet fixé soit brillant ; il suffit de concentrer son attention
sur l'objet déterminé, de produire ce que le Dr Ochorowics
appelle la *monoïdéie*. J'ai rapporté dans les *forces
non définies* (p. 115) l'expérience de l'Y de Pythagore ; le
baron du Potet indique[1] toute une série de phénomènes
fort extraordinaires, mais complètement analogues, qu'il
attribue à des puissances occultes.

Il ne faut pas confondre l'état passif de l'esprit qui reste
fixé sur une seule idée avec le travail de l'esprit qui
cherche à grouper autour de cette même idée une foule
d'idées connexes. M. Alfred Maury en avait déjà fait la
remarque[2] :

« C'est une contemplation prolongée et intense d'un
objet ou d'une idée qui produit l'extase, je dis contemplation et non réflexion, choses tout à fait distinctes.
L'esprit, occupé sans cesse de la vue du même objet fait

---

[1] *La Magie dévoilée.*
[2] *Le sommeil et les rêves*, p. 276.

accomplir sans cesse au cerveau les mêmes mouvements. Or l'on sait quel est l'effet de la répétition des mêmes actes imposés aux organes : il produit l'habitude ; l'esprit alors agit, fonctionne, sans conscience presque de son action ; il opère automatiquement et comme par un mouvement réflexe.

La même observation s'applique aux impressions de l'ouïe.

Les *charmes* des anciens n'étaient autre chose, dans l'origine, que des vers (*carmina*) récités de façon à endormir la pensée par le retour périodique et monotone de certains sons[1].

M. Charles Richet a vu, dans les cafés du Caire et de Damas, l'effet de ces incantations combinées avec la fumée de hachich, qui procure une sorte de somnolence, même à ceux qui en sont entourés sans fumer eux-mêmes.

« La musique monotone et nasillarde berce doucement dans ce sommeil. Aux murs sont figurés grossièrement des formes bizarres, bleues ou rouges, de chameaux, de bonshommes grotesques, de *Karagheuz*, ou même simplement des lignes, des carrés, des triangles entrecroisés. Pour les fumeurs, ces dessins rudimentaires éveillent des illusions délicieuses et ils se croient transportés dans le paradis de Mahomet. Cependant, pour charmer par des contes l'oisiveté des assistants, un chanteur psalmodie un long récit, moitié religieux, moitié héroïque ; ce récit est

---

[1] Voir, dans le tome xix des *Notices et extraits des manuscrits* publiés par l'Académie des Inscriptions et Belles-Lettres les *Prolégomènes* d'Ibn Kaldoun, p. 209. — Suivant Denys d'Halicarnasse (l. 1), les Étrusques guérissaient les maladies par des chants magiques. Les anciens Aryas avaient réuni dans un livre spécial appelé *Atharva-Véda* les incantations et les recettes magiques ayant pour effet d'assurer la réussite des entreprises, de guérir les maladies et d'écarter les mauvais présages (Max. Muller : *A History of ancient sanskret literature*, p. 445 et suiv. — London, 1859).

composé de couplets, et entre chaque couplet la musique recommence son rythme interminable. Parfois un des fumeurs se lève tout titubant : en hurlant il s'extasie sur un objet fantastique qu'il vient d'apercevoir dans son délire, et exalte le bonheur de l'ivresse par le hachich. Tous les autres se mettent alors à rire bruyamment, et aussitôt, avec ce profond sentiment religieux qui n'abandonne jamais les Orientaux et qui est inconnu chez nous : « Qu'Allah soit avec toi! Louange à Allah ! » disent-ils à celui qui a parlé[1].

Le P. de Lancre cite[2], parmi les différents genres de divination, celle qui se faisait au *bruit des vagues.*

Si je prie l'un ou l'autre de mes sujets d'écouter avec attention le tic-tac d'une montre ou d'une horloge, je puis lui faire entendre ou voir, au bout de quelques secondes, tout ce que je désire.

Je joue devant Benoît un air quelconque sur le piano, il le perçoit exactement. Au bout de quelques notes je lui dis que je vais jouer un autre air déterminé, aussitôt il croit entendre celui-là. Si je continue il tombe en extase. Jusqu'ici c'est un phénomène purement physique dans lequel le talent de l'artiste n'entre pour rien ; mais les impressions morales interviennent quand le morceau de musique exprime des sentiments bien déterminés, qui se réflètent dans sa physionomie et son attitude, comme on l'a vu dans le § 4 du présent chapitre.

Si je lui fais répéter avec moi d'un ton bien rythmé : *Ora pro nobis, ora pro nobis,* il ne tarde pas à tomber en extase. — J'obtiens le sommeil avec physionomie souriante ou triste, en répétant de la même manière : *Je suis bien content ! je suis bien content !* ou : *Que je suis triste! que je suis triste!*

---

[1] *L'homme et l'intelligence*, p. 134.
[2] *L'incrédulité et mescréance du sortilège pleinement convaincues.* — Paris, 1612, in-4°, p. 153.

Chez les autres, je ne parviens pas à produire le sommeil, mais je détermine les hallucinations de tous les sens.

Des *frictions douces et régulières*, effectuées sur une partie quelconque du corps, ont amené chez tous mes sujets soit l'état de crédulité, soit le sommeil, suivant leur sensibilité[1].

3ᵉ GROUPE

Toutes les actions de polarité isonome que nous avons indiquées dans le chapitre 1ᵉʳ peuvent déterminer l'état de crédulité du cerveau entier ou d'une moitié du cerveau suivant la manière dont elles sont appliquées.

Il n'est pas besoin, pour les sujets très sensibles, que ces actions soient exercées directement sur la tête.

La contracture produite, par exemple, sur le pouce par un morceau de soufre, s'étend, quand le contact se prolonge, d'abord au bras, puis à l'épaule, et enfin au cerveau, où elle provoque d'abord l'état de crédulité, puis le sommeil si l'effet est suffisamment intense.

On arrive à des résultats semblables en se plaçant derrière le sujet de manière à mettre les deux corps en oppositions isonomes. Cette observation contribue à expliquer les hallucinations des foules et les mouvements populaires dont il est fait si souvent mention dans l'histoire[2]. Voilà un grand nombre d'individus qui, tous, sont tournés du même côté, recevant ainsi, par devant comme par derrière, l'influence des polarités isonomes[3]; ils écoutent un orateur ou regardent le ciel dans

---

[1] Il faut distinguer cette action de celle qui est produite par la *pression* des zones hypnogènes dont l'étude a été faite par le professeur Pitres (*Des zones hystérogènes et hypnogènes.* — Bordeaux, 1885).

[2] BRIERRE DE BOISMONT : *l. c.*, pp. 125, 489.

[3] Sur 1.014 personnes de tout âge, de tout sexe, de tout tempérament, soumises à l'hypnotisation en 1880 par M. Liébeault, il ne

l'attente d'une apparition. Les plus sensibles, les femmes et les enfants qui ont la tête au niveau des épaules de leurs voisins, sont mis en état de crédulité. Pour ceux-là, toute affirmation de celui qui parle est la vérité même ; tout acte conseillé par lui sera suivi d'une exécution automatique. Que l'un quelconque des assistants dise qu'il entend des cris ou qu'il voit apparaître des fantômes, tous les sensitifs verront les fantômes et entendront les cris.

Appuyez-vous par derrière sur le dossier du siège d'un sujet et parlez-lui sans qu'il détourne la tête, ou bien mettez-vous en face de lui et chuchotez doucement à son oreille, joue contre joue, vous le persuaderez de tout ce que vous voudrez.

En s'accoudant et en appuyant le côté droit de son front sur la partie de sa main droite qui est du côté du pouce, ou simplement en portant la partie externe de son index sur le même côté du front, une personne sensible *voit* tous ses souvenirs et peut se donner une suggestion quelconque.

Ces influences de position, en général assez faibles,

---

s'en est trouvé que *vingt-sept* de réfractaires. Les autres se répartissaient ainsi :

Somnolence, pesanteur.	.	33	Sommeil très profond. .	232
Sommeil léger.	100	.	Somnambulisme léger. .	31
Sommeil profond. . . .	460		Somnambulisme profond. .	131

« Sans doute, dit M. Bernheim (*De la suggestion*, p. 13), il faut tenir compte de ce fait que M. Liébeault opère surtout sur des gens du peuple qui viennent chez lui pour être endormis et qui, convaincus de sa puissance *magnétique*, offrent une docilité cérébrale plus grande. »

Mais ce sont là précisément les conditions où se trouvent les foules quand elles sont réunies dans l'attente d'un événement extraordinaire ou sous le coup d'une vive passion, et il ne faut pas oublier que l'état de crédulité est la *première phase* de l'hypnose.

M. Bérillon dit que, sur 10 enfants sains, il y en a 8 de suggestibles.

peuvent devenir parfois très intenses. Par une soirée d'été chaude et orageuse, et à la suite d'un certain nombre d'expériences, la sensibilité de Benoît étant surexcitée, je lui ordonne par injonction brusque de ne plus voir Mlle X. Mlle X. disparaît en effet à ses yeux, mais pour reparaître presque immédiatement, au moment où je m'approche de lui. Étonné, je reviens à ma place et l'invisibilité se reproduit pour cesser dès que je vais de nouveau vers Benoît. Je remarquai alors qu'en m'approchant de lui je me trouvais en position hétéronome, position dont l'effet se faisait sentir à 4 ou 5 mètres de distance.

L'état de fascination provoqué habituellement par Donato est intermédiaire entre l'état de crédulité et la catalepsie, et il n'existe souvent que sur une moitié du corps du sujet. Il est obtenu à la fois par un regard brusque et par la conjonction isonome du côté droit de l'opérateur sur le côté droit de l'opéré.

Il est possible, en outre, que Donato opère sur lui-même, du côté en contact, une contraction violente qui paraît produire de l'électricité négative. Je donne l'état de crédulité ou le sommeil à tous mes sujets simplement en fermant avec force mon poing à proximité du côté droit de leur tête.

Une tige végétale fraîche, desséchée ou même *pétrifiée*, est polarisée (ce qui tend à prouver que la polarité tient à la structure et non à la nature des corps). Cette propriété est fortement développée dans le coudrier et dans le bambou, surtout quand ils sont encore verts. De là sans doute les propriétés merveilleuses attribuées aux verges des magiciens, aux baguettes des fées, aux bâtons à sept nœuds des fakirs[1]. Telle est aussi peut-être, par

---

[1] Il peut y avoir aussi une autre cause à cette action des baguettes, c'est la canalisation, pour ainsi dire, du fluide du magnétiseur qui tend à s'échapper par des pointes comme l'électricité.

suite d'une tradition oubliée, l'origine du sceptre des rois et du manche à balai des sorcières. C'est en les touchant avec une baguette que Circé transforme en pourceaux les compagnons d'Ulysse (*Odyssée* X). « Mercure, conducteur des songes, dit encore Homère, tient à la main une baguette, belle, dorée ; il en charme (θελγει) les yeux de ceux qu'il veut endormir, et il s'en sert aussi pour réveiller ceux qui dorment. » (*Odyssée* XXIV). La verge de Mercure est devenue l'emblème de la médecine. Les augures chargés d'interroger l'avenir avaient pour signe distinctif un bâton recourbé, le *lituus*, et les Romains disaient proverbialement des gens qui s'enrichissaient sans peine : « Ils ont le secret de la baguette[1]. »

Une fleur, un bijou de métal, placés en isonome sur la tête d'une femme peuvent encore déterminer l'état de crédulité et servir d'excuse à bien des faiblesses ayant leur point de départ dans des réunions mondaines.

A l'église, nous trouvons une autre cause d'hallucination dans les rayons de lumière colorés par leur passage à travers les vitraux. Un rayon rouge est suffisamment positif et un rayon violet suffisamment négatif pour amener la contracture des membres ou l'hypnose chez la plupart des sujets[2] ; l'odeur de la myrrhe ou de l'encens peut, elle seule, provoquer l'extase chez certains d'entre eux, mais cela provient d'une autre cause[3].

---

[1] Quid si omnia nobis, quæ ad victum cultumque pertinent, quasi virgula divina, ut aiunt, suppeditarentur (Cic. *De officiis*, lib. i, in fine).

[2] J'ai constaté que des sujets très sensibles peuvent regarder des deux yeux sans inconvénient un feu de couleur, comme ceux des chemins de fer par exemple ; l'action en hétéronome détruit l'effet de l'isonome. Mais un sujet qui, placé le long de la voie et regardant droit devant lui, verrait arriver un feu rouge sur sa gauche, pourrait très bien tomber en catalepsie ; il y a là un danger qu'il est bon de signaler.

[3] Voir les *Forces non définies*, chap. VIII, § 2 (p. 311 et suiv.)

J'ai fait fabriquer un lorgnon avec un verre rouge et un verre violet. Les sensitifs n'ont qu'à se le placer sur le nez et à diriger leurs regards vers un objet éclairé pour mettre leurs *yeux* en état de crédulité ; ils peuvent évoquer ainsi toutes les visions dont l'idée leur est fournie par leur imagination ou leur mémoire, mais l'hallucination ne porte que sur la vue[1]. S'ils désirent par exemple assister de nouveau à un opéra, ils voient les acteurs, mais ne les entendent pas ; pour compléter l'illusion, je suis obligé d'halluciner aussi leurs oreilles par des contacts en isonome.

Pour déterminer les hallucinations de l'odorat et du goût, il suffit de toucher les narines ou la langue en isonome avec les doigts, ou même d'approcher de ces organes une polarité énergique, telle qu'un fort aimant ou un bâton de soufre[2].

On peut ainsi halluciner une seule oreille, un seul œil, une seule narine, et opérer le transfert, c'est-à-dire que si l'œil droit est halluciné, on le ramène à l'état normal en approchant un corps positif de l'œil gauche qui s'hallucine à son tour.

---

[1] Quand le sujet n'est pas suffisamment sensible, l'hallucination ne se produit qu'en partie Ainsi, je dis à Gabrielle de voir , dans le lorgnon, le régiment défiler sur le pont : elle voit le pont et pas autre chose.

[2] L'influence de l'attention expectante se fait voir d'une façon très nette dans ces expériences. Si le sujet ne s'attend à rien, l'effet de la polarité isonome approchée de la bouche est de contracturer les lèvres ; mais, si le sujet porte son attention sur la sensation du goût, l'action de polarité traverse les lèvres fermées sans les influencer, et va se fixer sur la langue.

L'hallucination de l'odorat est une de celles qui se produisent le plus facilement. Il suffit, pour déterminer la sensation d'une odeur chez beaucoup de personnes, de leur dire de penser fortement à cette odeur pendant que vous prenez légèrement leur nez entre deux de vos doigts, le dos de la main étant tourné vers la figure de la personne.

De tous les procédés dérivant de la polarité, le plus ancien, le plus commode, et quelquefois le plus puissant, est l'*imposition des mains*, qui a joué un si grand rôle dans l'antiquité ; mais je ne saurais l'aborder sans toucher à la question religieuse, pour la discussion de laquelle je n'ai aucune compétence.

4° GROUPE.

On a vu que l'hypnose pouvait être produit par des aimants ; on peut également la produire avec des courants galvaniques et de l'électricité statique.

Généralement le sommeil survient quand le sujet prend dans sa main droite le fil conducteur communiquant avec le pôle $+$ de la pile et dans sa main gauche le conducteur communiquant avec le pôle $-$, de telle sorte qu'il s'établisse dans son corps un courant artificiel, allant de droite à gauche et par conséquent de sens opposé au courant naturel, que le professeur Biarchi a reconnu, à l'aide du galvanomètre, exister dans la plupart des hommes, de gauche à droite[1]. De là, ralentissement de la circulation nerveuse. Le courant galvanique appliqué en sens contraire amène d'abord le réveil, puis de l'hyperexcitabilité, et enfin un engourdissement mal étudié parce qu'il a semblé dangereux.

Chez Benoit j'ai amené et fait disparaître l'état de crédulité au moyen de courants puissants produits par une machine dynamo et agissant, par induction, à deux mètres derrière lui. Comme il se produit quelquefois, à la surface de la terre et sous l'influence de causes inconnues, des variations brusques de courants qui se manifestent par le renversement des pôles des aiguilles de boussole, on con-

---

[1] *Revue philosophique*, février 1887, p. 146.

çoit que l'état de crédulité puisse être déterminé par un de ces courants qui transforme alors en suggestion ou idée fixe l'idée du moment.

Si je monte sur le tabouret d'une machine et que je me charge d'électricité positive ou négative, en étendant la main il sort de mes doigts des aigrettes lumineuses. Tout le monde peut les voir, dans une demi-obscurité, si j'en suis suffisamment chargé. Quand je le suis moins, ces aigrettes sont seulement visibles pour les sujets dont les yeux ont été mis en état de rapport[1], et qui les voient avec des couleurs différentes selon qu'elles sont positives ou négatives.

En projetant ces aigrettes sur des sujets nettement polarisés, j'obtiens, à une distance de plusieurs mètres, tous les effets obtenus au contact par ma polarité propre.

Si c'est le sujet qui monte sur le tabouret, on arrive, en le chargeant suffisamment[2] d'électricité positive par exemple, à faire passer toutes les parties positives de son corps par toutes les phases successives de l'hypnose. Si on envoie alors de l'électricité négative, le sujet repasse par les phases en sens inverse jusqu'à l'état normal, et, si l'on continue à agir avec de l'électricité négative, ce sont les parties négatives qui, à leur tour, passent par les différentes phases.

Quel que soit l'agent employé (polarité odique, magnétique ou électrique), il suffit d'interposer sur son passage certains verres que l'expérience apprend à connaître, pour renverser la polarité, c'est-à-dire qu'après son passage à travers le verre, l'agent positif agit comme négatif et vice-versa; mais une nouvelle interposition ne reconstitue pas l'agent primitif.

---

[1] Les états profonds de l'hypnose, p. 11.
[2] Il y a une première période assez longue pendant laquelle aucun phénomène n'est apparent.

5ᵉ GROUPE

Ce qui prouve bien l'influence de la circulation cérébrale dans la production de l'hypnose, c'est qu'il suffit
d'éveiller une pensée chez un sujet et de ralentir ensuite
l'arrivée du sang artériel dans le cerveau, par la *compres-
sion de la gorge*, pour provoquer chez lui instantanément
l'hallucination correspondante, qui cesse dès que la gorge
redevient libre.

Telle est aussi l'explication de la susceptibilité produite
par l'*expectent-attention*, à laquelle certains auteurs veulent
tout rapporter.

On arrive au même résultat en chassant le sang du
vertex par l'approche d'un corps froid[1], ou bien encore en
attirant le sang dans le dos, par exemple, au moyen de
frictions énergiques ou d'un objet chaud.

La *digestion*, qui fait affluer le sang vers la partie médiane du corps, peut produire un effet identique : c'est ce
qui arrivait au libraire allemand Nicolaï[2].

M. Maury en cite un exemple qui lui est personnel[3].
« Un jour mes yeux avaient été frappés par un plat couvert des cerises les plus vermeilles, et qui était sur ma table.

---

[1] L'hallucination disparaît au contraire quand on chauffe le vertex
par des frictions ou l'approche d'un corps chaud.

Richardson a démontré, à l'aide de mélanges réfrigérants appliqués
sur diverses régions du système nerveux, « l'influence considérable
qu'exerçait l'action directe du froid et, indirectement, la suspension
des phénomènes circulatoires sur les manifestations de la vie des
centres nerveux » (Luys : *Traité des maladies mentales*, p. 187).

[2] A. Maury : *Le sommeil et les rêves*, p 59. — Brewster, dans
sa troisième lettre à Walter Scott sur la magie naturelle, fait remarquer que les hallucinations concordent souvent avec les troubles
de l'estomac.

[3] *Le sommeil et les rêves*, p. 271.

Quelques instants après mon dîner, le temps étant devenu orageux et l'atmosphère fort oppressive, je sentis que le sommeil allait me gagner, mes yeux se fermaient, j'avais encore les cerises à la pensée : je vis alors dans une hallucination hypnagogique ces mêmes cerises vermeilles, et elles étaient placées dans la même assiette de faïence verte sur laquelle elles avaient paru à mon dessert. Ici il y avait eu transformation directe de la pensée en sensation. »

On a vu que la *rotation* est employée en Turquie par les derviches tourneurs pour donner l'extase. Il est probable qu'elle a pour effet de modifier la répartition normale du sang dans le cerveau.

Au bout de quelques tours de valse, tous mes sujets voient et entendent tout ce que je leur dis de voir et d'entendre ; ils s'arrêtent cloués au sol si je leur affirme qu'ils ne peuvent plus bouger.

Il faut remarquer que, dans le cas de deux personnes qui valsent ensemble, l'action de la rotation est renforcée par l'action de polarité due à la position des deux têtes, ainsi que je l'ai indiqué plus haut.

Un coup subit, une secousse agissent comme une injonction brusque ou une émotion, en arrêtant pendant quelques instants le mouvement du cœur. Je dis à un sujet : « *Pensez que vous allez avoir la jambe gauche paralysée*, ou bien *une douleur au bras droit,* ou bien encore *les deux pouces contracturés* » ; il a beau y penser, rien ne se produit ; mais si, tout à coup, je détermine un choc en un point quelconque de son corps, l'effet annoncé se réalise.

Quand une mère, impatientée du manque de mémoire de son enfant, lui répète une recommandation en l'accompagnant d'un soufflet, elle lui donne par ce fait même une suggestion et elle le sent bien, car elle lui dit d'ordinaire : « Tu te le rappelleras maintenant. »

Les nombreux accidents dus aux chemins de fer ont permis d'étudier, depuis quelques années, une certaine classe d'infirmités qui paraît n'avoir pas d'autre origine et sur laquelle je reviendrai dans le chapitre IV, § 2.

Une simple pression sur le vertex, c'est-à-dire sur la partie supérieure de la calotte du crâne, peut déterminer, suivant son intensité, tous les degrés de l'hypnose. Le point le plus sensible est à la jonction des deux os, pariétaux et des deux fronteaux. Les bords des os étant les derniers à se solidifier, ce point du crâne (qu'on appelle le *bregma*) reste tout particulièrement malléable, et on conçoit qu'une pression exercée là puisse agir plus facilement sur le cerveau. Si la pression a lieu sur le bregma lui-même, par conséquent sur la partie médiane du crâne, on agit simultanément sur les deux lobes du cerveau ; si au contraire on presse un peu à droite ou un peu à gauche, l'effet ne porte que sur la partie droite ou la partie gauche du corps.

Quand on a amené ainsi, par une *pression* de plus en plus énergique, le sujet tout entier ou l'une de ses moitiés à une phase quelconque de l'hypnose, ce qui a pu se faire graduellement si on a opéré avec des précautions suffisantes, on le ramènera au point de départ en le faisant passer par les mêmes étapes au moyen de *frictions*.

La sensibilité du bregma est telle chez certaines personnes qu'il suffit de l'effleurer pour déterminer l'état de crédulité.

Certaines odeurs et certaines onctions déterminent l'hypnose; on ne sait pas comment elles agissent, d'autant plus que leur action se complique d'autres effets psychiques que j'ai décrits dans *les Forces non définies*, p. 311 et suiv.

Le souffle produit l'hypnose quand il a lieu sur la nuque, et le réveil quand on le dirige sur la face. Il peut donc, dans le premier cas, donner l'état de crédulité et, dans le second, enlever une infirmité ou une hallucination provenant de suggestion.

Ces phénomènes qui pourraient se rattacher à la polarité semblent avoir été connus dès les temps antiques.

Origène (*contra Celsum*), citant une objection de Celse contre ces miracles, dit : « Vous vantez les guérisons opérées par Jésus-Christ. Mais il a cela de commun avec les faiseurs de prestiges qui ne promettent point des miracles aussi imposants ; avec des charlatans instruits chez les Egyptiens qui, pour quelques oboles, pratiquent ces secrets merveilleux. Ne les voyez-vous pas chasser les démons du corps des hommes, guérir les maladies par le souffle (*morbos exsufflantes*), évoquer les âmes des héros, faire paraître des tables chargées des plus excellents mets quoiqu'il n'y ait en cela rien de réel, faire mouvoir des animaux qui n'existent point et qui ne sont que de vains fantômes. »

B. — *Les changements de personnalité.*

Les changements de personnalité ont été étudiés, il y a déjà plusieurs années, par M. Ch. Richet qui me fit assister, en 1883, à plusieurs des curieuses expériences décrites dans son livre sur *l'Homme et l'intelligence*[1].

M. Charles Richet suppose que le sujet perd tout à coup, sous l'influence d'une cause mal connue, tous ceux de ces souvenirs qui ne se rapportent point à la personnalité évoquée, et que ceux-ci, régnant alors en maîtres dans son cerveau, prennent une intensité exceptionnelle. L'hypothèse me paraît absolument conforme à tout ce que j'ai vu.

---

[1] Ch. Richet : *L'homme et l'intelligence*, Paris, 1884, p. 232.

Ces phénomènes sont très faciles à obtenir et je les ai produits par presque tous les procédés ci-dessus décrits.

Ils ne donnent des effets intéressants que quand le sujet est observateur ; on n'obtient rien si on lui demande quelque chose qu'il ne connaît pas, sur laquelle ses souvenirs ou son imagination ne lui fournissent aucune donnée.

Tel, qui a toujours vécu à la campagne, imite admirablement les animaux et reste coi si on veut en faire un personnage historique ; celui-là, au contraire, qui sort du collège se mettra dans la peau d'Harpagon ou de Don Quichotte, mais se bornera à quelques gestes des bras si on le transforme en menuisier ou en maréchal-ferrant.

Quelques sujets bien doués en arrivent à prendre si bien les allures et le caractère du personnage, que leur écriture se modifie en conséquence et qu'ils nous font assister *expérimentalement* aux phénomènes qui se produisent dans des séances spirites, peut-être quelquefois sous l'influence d'autres causes, mais très certainement souvent sous celle d'une auto-suggestion des médiums.

Les autographes suivants en montrent des exemples. Tout a été écrit par Benoît qui ne se doutait pas des expériences analogues faites, quelque temps auparavant, par M. Charles Richet et qui n'avait jamais ouï parler de graphologie. Je lui donnais, par injonction brusque, une personnalité déterminée, et je lui dictais immédiatement, sans lui laisser le temps de la réflexion, une phrase quelconque ; puis je passais à une autre personnalité et j'agissais de même, de telle sorte que toutes ces écritures ont été obtenues en deux séances.

On trouve successivement à la page suivante : 1° son écriture naturelle ; 2° en enfant ; 3° et 4° en vieillard ; 5° et 6° en jeune fille.

1° Mon cher papa je suis bien
sage

2° Mon cher papa
je suis bien sage

3° je vous prie de venir sans
faute se soir

4° je n'y vai plus
pour écrire

5° Ma chère amie

Je vous prie de venir sans faute ce soir

Marguerite

6° Ma bonne Marguerite
tu sais combien je t'aime

Marie

Le voici président de la République.

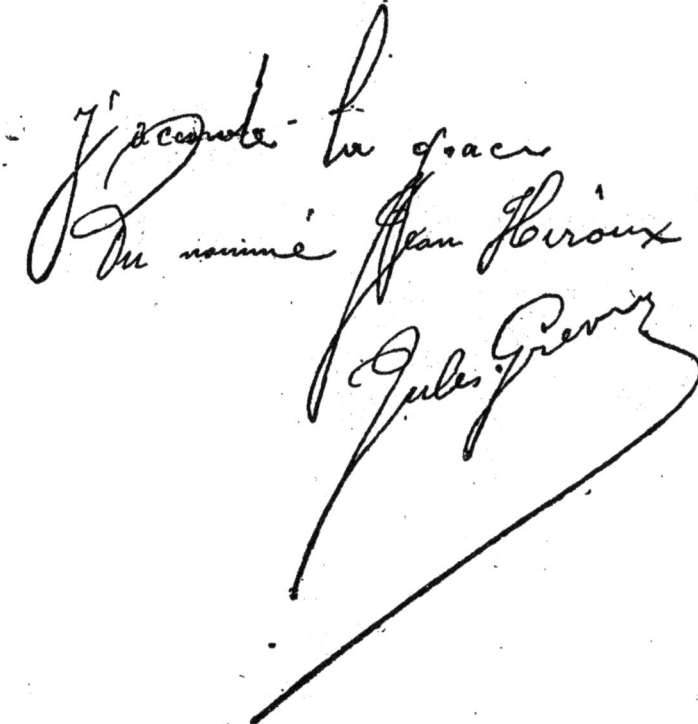

Puis paysan madré ; il n'écrit qu'avec peine, en homme plus habitué à manier la charrue que la plume.

Plus bas il est avare ; son écriture devient fine et serrée, par deux fois je lui ai donné cette personnalité et il n'a pas manqué, chaque fois, d'insérer sa phrase avec un trait pour délimiter le papier qui pouvait encore servir.

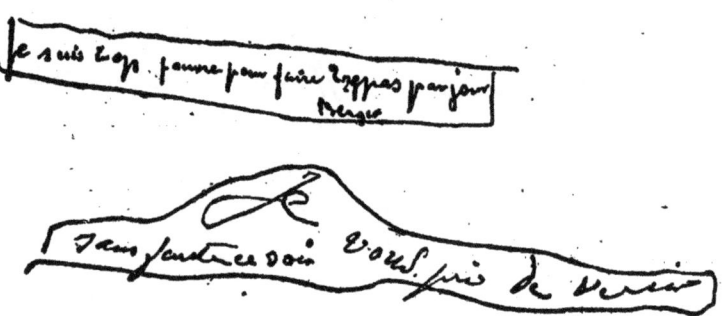

Il est maintenant un préfet autoritaire.

Ensuite, il est général et écrit avec fierté : « Je vous prie de venir. »

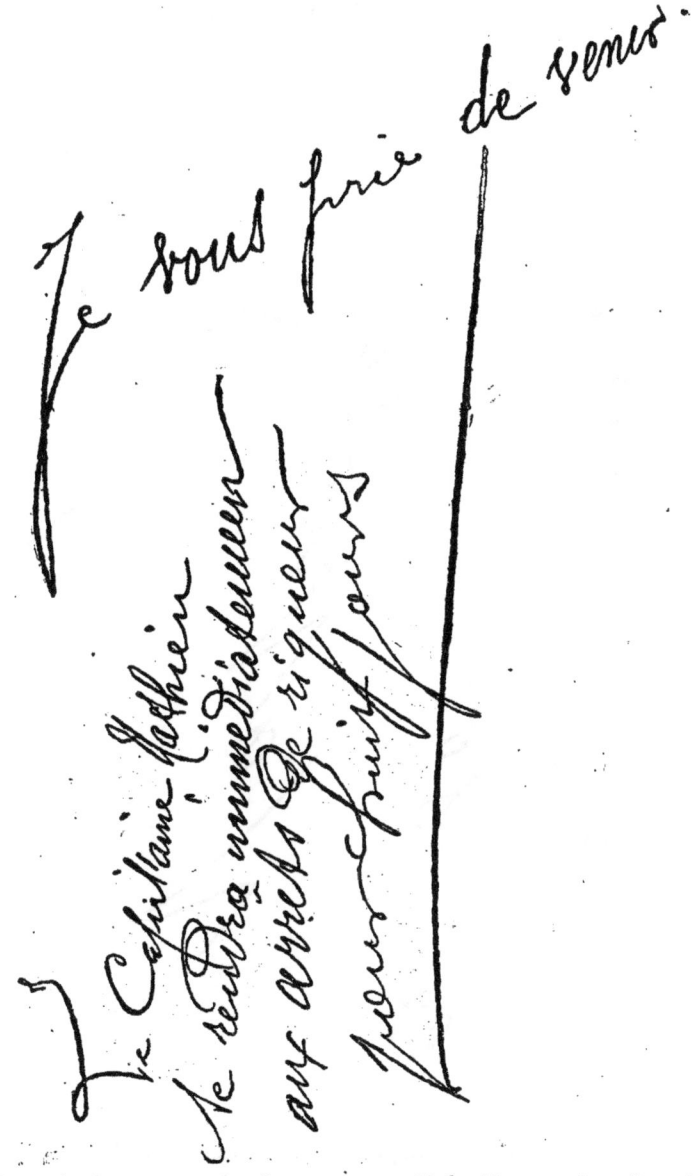

Je lui donne après la personnalité d'un colonel qu'il connaît et qui est très emporté. Il termine le billet que je lui dicte par un trait énergique ; je lui fais observer qu'il n'a pas signé. « C'est inutile, répond-il, le capitaine Mathieu saura bien d'où cela lui vient. »

Quand il devient l'empereur Napoléon le Grand, son écriture s'agrandit et devient lâchée comme célle de quelqu'un à qui personne ne peut faire d'observation.

Elle se rapetisse au contraire et se soigne dans la personnalité d'un solliciteur où il signe de son nom avec un
beau paraphe.

Nous le voyons ensuite transformé en maître d'écriture, émule de Brard de Saint-Omer (p. 161.)

Puis en maréchal-ferrant, le père Nicot, dont l'atelier est

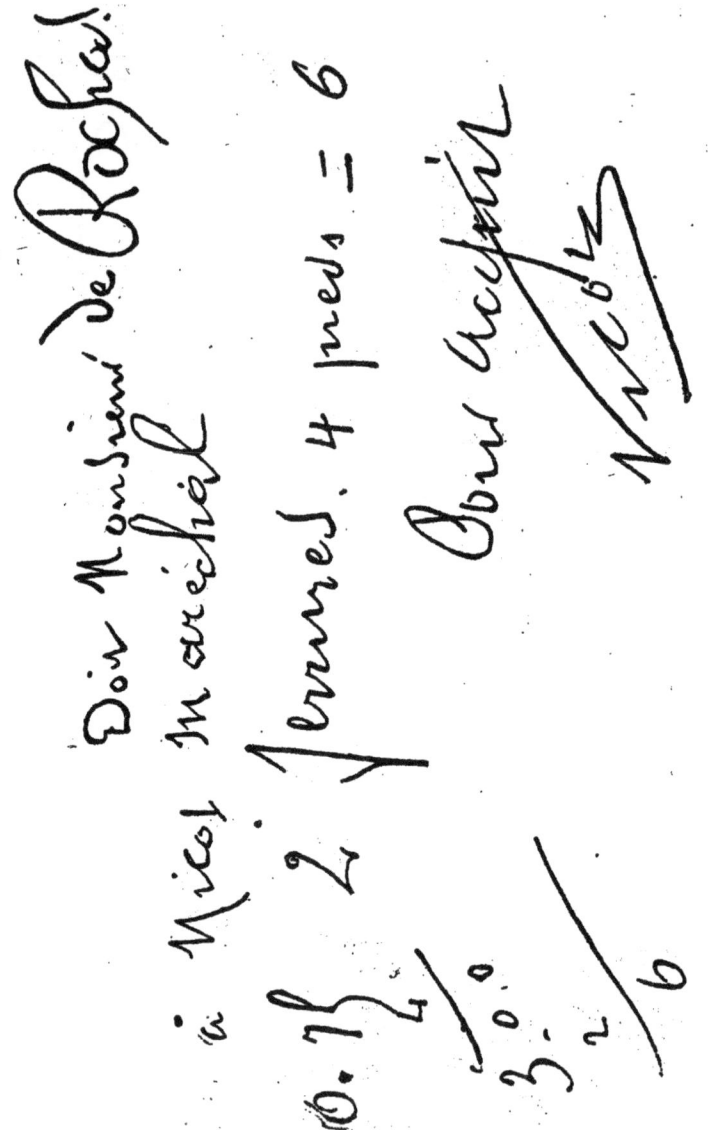

au-dessous de sa chambre. Il établit sur ma demande la note de ce que je lui dois.

Un autre jour je compliquai la mise en scène.

Benoit, Gabrielle et Emile sont réunis. Je leur donne les suggestions suivantes : « Gabrielle, vous serez com-

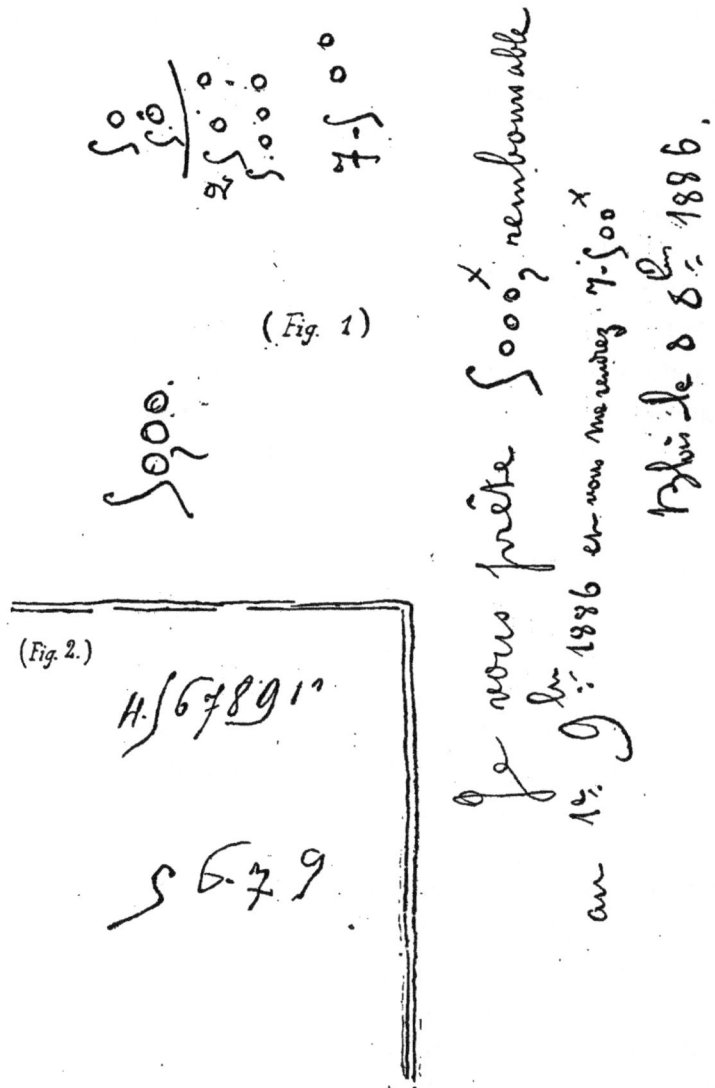

(*Fig.* 1)

(*Fig.* 2.)

merçante et vous aurez besoin d'emprunter 5,000 francs ; vous irez les demander à Benoit. — Benoit, vous serez un usurier, vous prêterez à Gabrielle les 5,000 francs, mais à 5o 0/° et vous vous ferez donner un billet dans ces conditions. — Émile, vous serez commissaire de police ; vous surveillerez Benoît, et vous l'arrêterez quand vous aurez la preuve de son délit. » La scène se déroule comme je l'ai indiqué et Emile arrête Benoît au moment où celui-ci veut faire signer à Gabrielle le billet reproduit. On remarquera que l'écriture change au moment où le caractère de B. se modifie ; elle devient tassée et écourtée pour indiquer l'intérêt usuraire. C'est une nouvelle preuve de la production successive des suggestions déjà observées dans l'expérience n° XXIV (p. 53).

Certains changements de personnalité, comme la transformation en animaux, s'obtiennent, non seulement par suggestion, mais encore par des émanations ou des onctions. Je reviendrai sur ce sujet, qui est particulièrement intéressant au point de vue historique, dans un autre ouvrage.

On peut donner à un même sujet une double et même une triple personnalité. Ainsi je lui dis : « Vous serez, du côté droit, M. A. ; du côté gauche, M. B. ; au milieu, M. C. » La suggestion s'exécute : les trois personnes dialoguent entre elles avec leur caractère propre ; chaque partie répond seule à l'appel de son nom. M. C. parle du milieu des lèvres ; M. A. du côté droit de la bouche ; M. B. du côté gauche. Quand A. veut toucher C., le bras gauche touche le milieu du corps ; quand C. veut toucher B., il s'épuise en contorsions inutiles.

L'expérience est fatigante, mais curieuse et intéressante en ce qu'elle détruit l'hypothèse que la double personnalité est due à des suggestions données, l'une au lobe droit, l'autre au lobe gauche du cerveau[1].

---

[1] J'ai rapporté dans les *Etats profonds de l'hypnose* (p. 12, *note*) un singulier exemple de double personnalité.

C. — *Expériences diverses.*

I

Benoit se met lui-même en état de crédulité en posant son index en isonome sur la partie droite du front. Je lui lis ce fragment des *Lettres d'un voyageur* de Georges Sand :

On vient d'ouvrir l'écluse de la rivière. Un bruit de cascade, qui me rappelle la continuelle harmonie des Alpes, s'élève dans le silence. Mille voix d'oiseaux s'éveillent à leur tour. Voici la cadence voluptueuse du rossignol ; là, dans le buisson, le cri moqueur de la fauvette ; là-haut, dans les airs, l'hymne de l'alouette ravie qui monte avec le soleil ; l'astre magnifique boit les vapeurs de la vallée et plonge son rayon dans la rivière, dont il écarte le voile brumeux. Le voilà qui s'empare de moi, de ma tête humide, de mon papier. Il semble que j'écris sur une table de métal ardent... Tout s'embrase, tout chante : les coqs s'éveillent mutuellement et s'appellent d'une chaumière à l'autre ; la cloche du village sonne l'*Angelus ;* un paysan qui recèpe sa vigne au-dessous de moi pose ses outils et fait le signe de la croix...

A mesure que je lis, Benoit suit dans l'espace les visions que j'évoque ; il voit tout, il entend tout, et, la figure rayonnante, il s'écrie : « Mon Dieu ! que c'est beau ! »

Je lui fais lire à lui-même une autre description ; mais, son attention étant concentrée sur l'acte même de la lecture, il ne voit et n'entend qu'à la condition d'interrompre cette lecture et de regarder dans l'espace.

II

Benoit et Gabrielle sont extrêmement sensibles à l'action de l'éther. Il suffit d'approcher de leurs narines une pilule qui en contient, percée par une épingle, pour déterminer d'abord l'état de crédulité, puis l'hypnose.

Voici deux expériences basées sur cette propriété :

J'écris sur une feuille de papier : *Ce papier brûle*, et je la donne à Benoît en même temps que je lui fais respirer un peu d'éther. Aussitôt qu'il a lu, il jette vivement le papier à terre et l'écrase avec le pied. Il ne peut croire que le papier n'a pas flambé, avant de l'avoir ramassé et constaté qu'il ne portait aucune trace de brûlure.

J'écris sur une autre feuille : *Vous êtes aveugle*, et je place cette feuille pliée dans une enveloppe cachetée avec un peu de coton imbibé d'éther. Je vais dans une pièce voisine et, quelque temps après, je fais remettre la lettre à Gabrielle. Elle ouvre l'enveloppe, respire l'éther pendant qu'elle tire la feuille de papier et la déplie ; elle lit la phrase et cesse de voir.

Au bout de cinq minutes, la cécité par suggestion durait encore. Je l'enlève par action *réveillante* en soufflant sur ses yeux.

III

Plusieurs personnes étaient réunies chez moi ; je fais venir quatre sujets, et, après quelques expériences de polarité, j'annonce que je vais essayer de reproduire une ascension de table comme on l'a fait chez M. de Gasparin et à la Société psychique de Londres.

Pour préparer l'esprit des spectateurs, je donne quelques détails sur ces expériences et je montre la réalité du courant déterminé par une chaîne humaine.

Je place alors un crayon sur une petite table ; nous nous mettons autour en nous tenant par la main ; je dis que je vais concentrer ma volonté pour que la table s'élève jusqu'au plafond, s'y colle, et que le crayon y écrive en grosses lettres : « Êtes-vous convaincus ? »

Au bout d'un instant, j'affirme que je sens un courant

passer et que je vois la table vaciller ; puis je m'écrie :
« La voilà qui s'enlève, elle est collée au plafond. »

Tous les sujets la virent ainsi et lurent l'inscription ; je
crois bien, à en juger par l'expression de leur figure, que
certaines spectatrices qui n'étaient point dans le secret en
firent autant, mais je ne voulus point leur faire avouer
leur état. Quant aux quatre sensitifs, je les fis causer entre
eux de manière à confirmer, par leurs témoignages réci-
proques, la réalité du phénomène, au sujet duquel je ne
les édifiai que plus tard[1].

IV

J'ai déjà dit (p. 63) que Marie voit des esprits quand
elle est dans le sommeil magnétique et que l'un de ceux
avec lesquels elle se trouve habituellement en rapport est
un ancien habitant de son quartier, M. V.

Ayant mené Benoit voir une de ces séances de spiritisme, je lui demande s'il a connu M. V. : il me répond
que non. — « Eh bien ! je vais vous le montrer. Tenez, le
voilà. » Il le voit ; il lève la tête pour lui parler. — « Il
est donc bien grand ? — Oh ! oui. — Comment est-il
habillé ? — Tout en noir. — En habit ou en redingote ? —
Je ne vois pas bien. — Tendez-lui la main et dites-lui de
vous contracturer. »

Il tend la main et la main se contracture. « Dites-lui
de vous décontracturer. » La main se décontracture.
« Demandez-lui s'il a connu votre père. » Et le dialogue
s'engage entre Benoît et l'esprit.

---

[1] Ici, comme dans l'expérience suivante, je me borne à rapporter
des faits sans prétendre en rien conclure relativement à la réalité des
phénomènes d'un autre ordre dont ils sont une sorte de contrefaçon.

Marie suit cette scène avec un profond étonnement. Je lui ordonne tout à coup de le voir aussi ; elle le voit. « Est-il grand ? — Non. » Suit alors un signalement assez vague et différent de celui précédemment donné par Benoît qui continue à parler au vide.

Je fais également contracturer et décontracturer la main de Marie. Mêmes phénomènes avec Rose qui était aussi là et qui se moquait des deux hallucinés.

J'appris le lendemain qu'après mon départ, on avait interrogé, au moyen de la table, M. V. qui naturellement a répondu que tout avait été pure illusion.

V

J'ai suggéré à plusieurs sujets d'avoir, pendant la nuit, des rêves déterminés. Ces rêves se sont réalisés ; pendant toute la nuit les dormeurs se sont agités et ont parlé, au dire des personnes qui couchaient dans la même chambre. La première fois, j'avais oublié de suggérer en même temps le souvenir au réveil, de sorte que le sujet crut que je n'avais pas réussi ; mais, quand j'eus pris cette précaution, je pus entendre raconter le lendemain des histoires fort amusantes brodées diversement par l'imagination des divers individus sur un même thème, comme par exemple leur entrée au paradis.

L'impression ressentie est si vive que l'un d'eux m'a confié, en termes émus, la profonde tristesse éprouvée par lui au réveil, lorsqu'il dut quitter, pour aller à son bureau, les béatitudes éternelles auxquelles il s'était si bien habitué.

CHAPITRE IV

§ I. — *Du degré de réalité des hallucinations.*

Il est impossible à un sujet sensible de distinguer la réalité d'avec l'hallucination qu'on lui a suggérée, si la suggestion a été bien faite.

Les hallucinations visuelles sont celles qui se prêtent aux expériences les plus intéressantes. Elles ont pour le sujet tout le caractère de la réalité, en ce sens que, chez lui, l'organe de la vue est excité exactement comme si l'image créée par son imagination existait réellement dans le lieu où son imagination l'a placée ; mais, est-il besoin de le dire ? cette image n'y est pas.

Quelques auteurs ont cru pourtant le contraire en se fondant sur ce que l'image subissait les transformations indiquées par les lois de l'optique quand on interposait certains instruments, comme un prisme ou une lentille, entre elle et le sujet.

Cette erreur provient de ce qu'on n'a pas tenu compte du raisonnement plus ou moins conscient du sujet, qui

HYPNOSE   8

modifie son hallucination d'après les modifications subies par les objets réels placés dans le voisinage de l'image imaginaire.

M. Bernheim[1], MM. Binet et Ferré[2] ont fait à ce sujet de nombreuses expériences très rigoureuses. En même temps qu'eux, j'étudiais de mon côté la question et je suis arrivé à peu près aux mêmes conclusions. Voici quelques-uns de mes essais :

I

Je dis à un sujet en état de crédulité : « Vous ne voyez plus M. X. » Il ne le voit plus, mais quelquefois le contact ou la voix de M. X. suffit pour faire disparaitre l'hallucination.

Si je dis : « Vous ne verrez plus M. X., mais vous l'entendrez ! » il ne le voit plus et entend sa voix sans comprendre d'où elle peut provenir. Le contact, ici, peut détruire l'hallucination.

Si je dis : « Vous ne verrez plus M. X., vous ne l'entendrez plus, vous ne le sentirez plus ! » M. X. n'existe plus pour lui ; il peut lui parler, le frapper, le sujet, n'entendra rien, ne sentira rien[3].

II

Quand le sujet est faiblement *pris*, il arrive souvent que l'hallucination ne se porte à la fois que sur un sens, mais elle se déplace alors au gré de l'opérateur.

---

[1] *De la suggestion*, pp. 101-112.
[2] *Le magnétisme animal*, pp. 166-191.
[3] *Avec les réserves que comporte l'exp.* XXVIII (p. 63).

Je dis à Benoît de penser à l'air qui lui a fait le plus plaisir dans le dernier concert militaire, de l'entendre, et de voir les musiciens qui le jouent. Rien ne se produit parce que j'ai fait mon injonction sur le ton ordinaire de la conversation. Je vais alors au piano et j'exécute quelques accords ; au 3ᵉ ou 4ᵉ, Benoît me dit : « J'entends tel air » (que je ne connaissais pas) et il le fredonne. « — Voyez-vous les musiciens ? — Non. — Voyez-les. » Il les voit, mais n'entend plus rien.

III

Je dis à Benoît éveillé : « Vous voyez Henri (réellement présent), je vais le faire passer par le trou de la serrure. » Je détermine l'hallucination en prononçant impérativement le mot : « Allez ! »

Benoît voit Henri passer par le trou de la serrure, il s'en émerveille, ouvre la porte et se met à lui parler dans l'autre pièce. Fort étonné, puisque Henri était resté auprès de moi, je vais dans cette pièce et je demande à Benoît si réellement il voit Henri. — Certainement, puisqu'il a passé par la serrure. — Et où est-il ? — Là, parbleu ! J'appelle alors Henri qui vient me rejoindre et je le montre à Benoît. Etonnement de ce dernier, qui porte alternativement ses regards du personnage imaginaire au personnage réel.

« Vous savez bien qu'il ne peut y avoir deux Henri ; vous êtes éveillé, mais soumis à une hallucination, tâchez de découvrir la vérité. »

Benoît va successivement vers les deux, les palpe, leur parle, entend leurs réponses et finit par me dire qu'il est impossible de distinguer.

Lui montrant alors le véritable Henri : « Voilà le faux ! »
Il cesse de le voir et le personnage imaginaire persiste
seul pour lui ; il me manifeste sa joie de se retrouver dans
la réalité. Pour ne pas troubler son cerveau par de trop
fréquentes secousses, je l'endors et je lui enlève définitivement la suggestion.

Une autre fois, je lui annonce, pendant le sommeil,
qu'il verra, au réveil, un de mes fils assis sur une chaise
dans un endroit déterminé. Au réveil, il le voit ; je l'occupe alors à autre chose, et, pendant ce temps, mon fils
vient s'asseoir sur une chaise près de l'image. Quand
Benoît tourne ses regards de ce côté, il voit deux chaises et
deux enfants. Il les palpe et ne peut distinguer la réalité
de l'hallucination. Il tourne autour de la chaise imaginaire
en se faisant petit pour passer entre elle et le mur. Un des
assistants s'avance vers cette chaise, Benoît fait un mouvement d'effroi provoqué par la crainte d'un accident ;
puis l'hallucination s'évanouit quand il voit la personne
traverser la chaise.

IV

Je dis à Benoît : « Vous voyez la canne qui est entre les
mains de mon fils ; elle va venir se mettre debout sur cette
table, » et j'ajoute brusquement : « Voyez ! » Il voit la
canne, mais il n'en voit pas l'image dans une glace qui
l'aurait reflétée pour lui si la canne avait été réellement
sur l'angle de la table. Il ne voit plus la canne qui est
encore entre les mains de mon fils et il ne sent pas les
coups qu'on lui en donne.

V

Benoît étant en sommeil somnambulique, je lui dis :
« Au réveil, vous ne verrez que la main de la personne qui
écrit au tableau. »

Au réveil, l'abbé C. écrit au tableau, Benoît ne voit
que sa main, il la touche, la sent jusqu'au poignet,
mais ne perçoit rien au-delà. J'approche un miroir, Benoît
y voit l'abbé tout entier, sauf sa main droite.

Je recommençai cette expérience quelques jours plus tard
et Benoît vit la personne entière dans la glace.

VI

Je rends une personne invisible par un procédé quelconque, par exemple en faisant fixer au sujet le diamant
d'une bague et en lui disant, au bout de quelques instants, que toute personne qui mettra la bague à son doigt
deviendra invisible. J'amène la personne qui a pris la
bague devant une fenêtre de manière à intercepter le jour.
Je demande au sujet éveillé s'il ne voit rien d'extraordinaire ; il répond qu'il voit une ombre et il cherche en l'air
d'où elle peut provenir. Je le prie de me la délimiter avec
la main ; il suit le contour de la personne invisible. Je lui
dis de passer la main à travers l'ombre et je la guide vers
le milieu du corps de cette personne ; quand il en approche il éprouve une résistance avant de toucher ; puis, s'il
persiste, sa main glisse à droite et à gauche et il s'imagine
avoir traversé l'ombre. Si je pousse fortement la main sur

le corps en question, je finis généralement par détruire la suggestion.

J'ai répété cette expérience à plusieurs reprises et avec divers sujets ; elle donne toujours les mêmes résultats.

VII

Etant dans un jardin, je suggère à Benoît, par commandement, la vue d'un oiseau sur un arbuste. Il le voit. Je lui dis de le regarder avec une lorgnette de spectacle, il le voit plus gros. Je lui fais retourner la lunette, et, à son grand étonnement (car il ne connaissait pas le phénomène), il voit l'oiseau plus petit. Les modifications dans la grandeur de l'arbuste lui avaient servi de point de repère.

Je lui enlève la mémoire de cette expérience et je fais apparaitre l'oiseau dans le ciel, alors sans nuages ; il le voit de la même grandeur par le gros et par le petit bout de la lorgnette. Il n'avait plus de point de repère.

VIII

Je suggère à un sujet de voir un point noir sur une feuille de papier. Je place sur le point imaginaire un cristal de spath d'Irlande et je le fais tourner. Le point ne se dédouble pas.

Je recommence l'expérience quelques jours après avec le même sujet après lui avoir montré la propriété du cristal, le point se dédouble. Il y avait suggestion par souvenir.

IX

Je dis à un sujet de fixer avec son œil droit un point noir marqué sur une feuille de papier blanc en le prévenant qu'il va voir à cette place un jeton d'un rouge éclatant. Quand il l'a regardé pendant quelques secondes, j'approche la partie extérieure de mon petit doigt de son œil droit de manière à enlever la suggestion par hétéronome. Il ne voit plus le jeton, mais un cercle vert (couleur complémentaire).

X

Je mets le côté droit de Benoît en état de crédulité en appliquant la partie externe de mon pouce sur le côté droit de son crâne, et je lui dis : « Cette feuille de papier est rouge. » Il la voit rose avec ses deux yeux. S'il ferme l'œil gauche, il la voit rouge ; s'il ferme l'œil droit, il la voit blanche.

XI

Je mets les deux côtés de Benoît en état de crédulité par l'imposition de la main droite, et je lui dis : « Vous verrez mon doigt bleu avec l'œil gauche et jaune avec l'œil droit. » Il le voit de sa couleur naturelle avec ses deux yeux, mais, suivant l'œil qu'il ferme, il le voit jaune ou bleu. Si la suggestion est peu intense, il raisonne in-

consciemment et il le voit vert parce qu'il croit que le bleu
et le jaune mélangés forment du vert.

Je dis brusquement à Benoît qui regarde par la fenêtre :
« Le pavé est rouge. » Il le voit rouge. J'interpose un
verre vert, il le voit blanc ; j'enlève le verre, il revoit le
pavé rouge.

XII

Je fais voir dans un diamant, par la fixation du regard,
à l'un quelconque de mes sujets la personne *à laquelle il
pense ;* il voit cette personne toute petite parce qu'il a
l'idée de la voir dans le diamant. J'interpose une feuille
de papier entre le diamant et son œil, l'hallucination disparaît pour le même motif.

XIII

J'annonce au sujet que je vais lui faire voir la même
personne en grandeur naturelle dans la chambre et je
détermine l'état de crédulité par la pression du vertex. Je
place alors un carton à quelque distance devant lui ; je
cache ainsi tout ou partie de la personne imaginaire, mais
seulement dans le cas où le sujet juge que le carton est
interposé entre lui et le lieu où son imagination a placé
l'image.

L'œil s'accommode pour voir cette image où le sujet
la suppose. Si je fais avancer ou reculer, par suggestion,
cette image, le cercle de la pupille se rétrécit ou s'a-
grandit.

XIV

Je prie un sujet de regarder mes yeux et je lui dis que je vais devenir invisible. Si le sujet est sensible, je disparais tout à coup lorsque l'état de crédulité s'est produit par la fixation de son regard. Si le sujet est peu sensible, je disparais peu à peu en commençant par la tête.

XV

Ayant réuni plusieurs sujets dans une salle obscure pour essayer d'apercevoir les lueurs de Reichenbach, et, n'ayant rien obtenu de précis, je leur donne la suggestion « que le lustre s'allume ». Ils voient la chambre complètement éclairée ou plutôt ils perçoivent une sensation de lumière générale, car, lorsque-je les prie de désigner où est telle ou telle personne, ils ne le peuvent pas. Il y a cependant hyperesthésie de la vue, car ils reconnaissent la personne quand elle est suffisamment rapprochée.

§ 2. — *Du degré de puissance des suggestions.*

A)

Je donne, par un procédé quelconque, à l'état de veille ou de sommeil somnambulique, la suggestion à un sujet de ne pouvoir franchir une ligne tracée sur le parquet-
Qu'il se rappelle ou non la suggestion, quand, par

suite d'un déplacement quelconque, il arrive sur la ligne, le haut du corps continue à se mouvoir pendant que les jambes sont clouées au sol, de telle sorte qu'il tomberait si on ne le retenait ou s'il ne parvenait à reprendre son équilibre.

L'explication qui se présente la première, c'est que, les jambes étant immobilisées par l'action du cerveau, le haut du corps continue à se mouvoir sous l'influence de la vitesse acquise. Cette hypothèse ne rend pas suffisamment compte du fait suivant :

Le sujet s'assied dans un chariot ou sur une chaise qu'on amène très doucement vers la ligne. A mesure qu'il s'en approche, son corps s'incline fortement en avant et il dit qu'il se sent attiré par l'estomac.

J'ai refait l'expérience de différentes manières avec divers sujets en les amenant sur la ligne par des mouvements en avant ou en arrière, en leur faisant passer plusieurs lignes successives après avoir essayé de les dérouter en disant, après chaque passage, que l'expérience était finie, le résultat a toujours été le même : attraction du haut du corps du côté de la ligne lorsqu'il est à proximité de cette ligne, de sorte que, si, par exemple, le sujet est traîné, la figure tournée vers la ligne, son buste se penche en avant, avant qu'il l'ait franchie et en arrière après.

Le baron du Potet attribuait l'attraction exercée par les lignes à la force déposée par la volonté de l'opérateur dans la matière qui lui a servi à tracer ces lignes ; mais on obtient le même résultat en suggérant au sujet qu'il ne pourra franchir le bord du tapis sur lequel il se trouve.

Ces phénomènes d'inhibition donnent lieu à des effets très curieux qui rappellent les scènes de magie décrites dans le « Faust » de Gœthe. On peut armer d'épées plusieurs sujets susceptibles de recevoir les suggestions à l'état de veille et leur affirmer qu'ils ne pourront vous toucher ; on les voit alors se consumer en efforts impuissants sans parvenir à vous atteindre. Si vous prenez vous-même à la main une baguette quelconque comme pour parer leurs coups, leurs armes sembleront fuir devant la vôtre et vous pourrez mettre fin à ce combat inégal en renversant chacun de vos adversaires par un simple geste brusque qui leur donne une suggestion de recul, trop rapidement suivie d'effet pour qu'ils restent debout.

On peut faire paraître ainsi un objet lourd et léger à volonté, du moins dans de certaines limites.

Par la suggestion on parvient en effet à augmenter momentanément la force du sujet, et il est possible d'empêcher celui-ci de faire le plus petit effort. Bien plus, à Grenoble, je dis à R., sur lequel j'opérais pour la première fois : « Vous ne parviendrez pas à soulever ce livre. » Il ne put même pas en approcher, il se sentait arrêté chaque fois qu'il tendait les mains pour le saisir. Généralement le sujet se comporte exactement comme si le livre était extrêmement lourd et il fait tous les gestes qui correspondent à cette idée, essayant de l'enlever par un des coins, de le faire glisser, etc.

J'ai recherché, à diverses reprises, avec Benoit, quelles pourraient être les variations de ses efforts sur un dynamomètre sous l'influence de la suggestion ; je suis arrivé à des résultats à peu près constants.

Son effort normal étant de 70°, il n'amène plus que 35° quand je lui dis qu'il a perdu sa force, et il va jusqu'à 135° quand je lui affirme qu'il est devenu très fort.

B)

Étant dans un laboratoire où se trouve un robinet de fontaine, je mets un sujet en état de crédulité et je lui dis : « Le robinet est ouvert, voilà tout le sol couvert d'eau. » Il voit l'eau, marche sur la pointe du pied et gagne une échelle double sur le premier échelon de laquelle il monte. Je répète à plusieurs reprises : « Je ne puis fermer le robinet, l'eau monte toujours : j'en ai jusqu'aux genoux, jusqu'à la poitrine, jusqu'au cou. »

Le sujet, chez lequel l'hallucination se prononce de plus en plus, monte jusqu'au dernier échelon ; son visage s'altère et devient pâle ; il se débat, il ne respire plus qu'à peine et il allait peut-être réellement se noyer si je n'avais mis fin à la scène en le soutenant et en commandant : « Réveillez-vous ! »

Ces expériences sont fort dangereuses, et il est bon de rappeler qu'on peut mourir de peur. On connaît plusieurs exemples bien constatés de ce phénomène.

Le premier est le cas classique d'un condamné anglais du siècle dernier, livré à des médecins pour servir à une expérience psychologique, dont la mort fut le résultat. Ce malheureux avait été solidement attaché à une table avec de fortes courroies ; on lui avait annoncé qu'il allait être saigné au cou et qu'on laisserait couler son sang jusqu'à épuisement complet. Après quoi, une piqûre insignifiante fut pratiquée à son épiderme avec la pointe d'une aiguille et un siphon déposé près de sa tête, de manière à faire couler sur son cou un filet d'eau qui tombait sans interruption, avec un bruit léger, dans un bassin placé à terre. Au bout de six minutes, le supplicié, convaincu qu'il avait dû perdre au moins sept à huit pintes de sang, mourut de peur.

Le second exemple est celui d'un portier de collège qui s'était attiré la haine des élèves soumis à sa surveillance. Quelques-uns de ces jeunes gens s'emparèrent de sa personne, l'enfermèrent dans une chambre, obscure et procédèrent devant lui à un simulacre d'enquête et de jugement. On récapitula tous ses crimes, et on conclut que la mort seule pouvant les expier : cette peine serait appliquée par décapitation. En conséquence, on alla chercher une hache et un billot qu'on déposa au milieu de la salle ; on annonça au condamné qu'il avait trois minutes pour se repentir de ses fautes et faire sa paix avec le ciel. Enfin, les trois minutes écoulées, on lui banda les yeux et on le força de s'agenouiller, le col découvert, devant le billot, après quoi les tortionnaires lui donnèrent sur la nuque un grand coup de serviette mouillée et lui dirent, en riant, de se relever. A leur extrême surprise, l'homme ne bougea pas. On le secoua, on lui tâta le pouls : il était mort !

Enfin, tout récemment, un journal anglais, *la Lancette*, a raconté qu'une jeune femme de Keating, voulant en finir avec la vie, avait avalé une certaine quantité de poudre insecticide. Après quoi elle s'était étendue sur son lit où elle fut trouvée morte au bout de quelques heures. Il y eut enquête et autopsie. L'analyse de la poudre trouvée dans l'estomac, et qui n'avait même pas été digérée, démontra que cette poudre était absolument inoffensive par elle-même, au moins pour un être humain. Et pourtant la jeune femme était bel et bien morte.

Il peut y avoir dans les suggestions un autre danger, c'est leur persistance.

J'en ai indiqué des exemples pp. 38 et 39.

C)

La suggestion exerce son action non seulement sur les accidents passagers qu'elle développe, mais encore sur toute une classe de maladies ou infirmités invétérées qui ont une *origine psychique*, suivant l'expression consacrée aujourd'hui[1].

Ces états morbides surviennent souvent à la suite d'émotions ou de coups violents ; on a particulièrement étudié ce côté de la question en Angleterre[2] et en Amérique[3], où les accidents de chemins de fer sont fréquents et entraînent souvent à leur suite l'obnubilation et même la disparition des sens (vue, ouïe, odorat), la claudication, la contracture des membres, etc.

Le Dr Lober a montré[4] qu'ils étaient susceptibles de disparaître sous l'influence de la suggestion, mais qu'il était bon de renforcer celle-ci par quelques pratiques auxiliaires destinées à impressionner le plus possible l'esprit du malade. « C'est ainsi que, dans un cas de contracture douloureuse du genou, on amena la guérison de l'arthralgie et de la contracture en redressant brusquement le membre ét en avertissant l'enfant que l'on serait forcé de pratiquer la même opération toutes les

---

[1] « Un bon tiers de la pathologie se rapporte à des lésions qui sont inconnues » (CHARCOT : *Leçon du 31 mars 1886 à la Salpêtrière*).

[2] REINOLDS : *Remarks on paralysis*, etc. (British médical journal. Nov. 1869).

[3] WEIR MITCHELL : *Lectures on diseases of the nervous system especialty in woman*. — Philadelphie, 1885.

[4] LOBER. *Paralysies, contracture, affections douloureuses de cause psychique*. — Paris, 1886.

fois que le membre reprendrait sa position vicieuse. La crainte des douleurs provoquées par ce redressement brusque amena là guérison de la contracture et de l'arthralgie. » Pour une monoplégie brachiale, M. Charcot a réveillé l'idée du mouvement chez le malade en lui plaçant un dynanomètre dans la main et en lui enjoignant de serrer de toutes ses forces.

Sobernheim raconte qu'un médecin donnait des soins à un homme atteint d'une paralysie de la langue et que nul traitement n'avait pu guérir. Il voulut essayer un instrument de son invention dans lequel il avait grande confiance, mais, avant de procéder à l'opération, il introduisit dans la bouche du patient un thermomètre de poche. Le muet s'imagine que c'est là l'instrument sauveur, et, au bout de quelques minutes, il s'écrie, plein de joie, qu'il peut remuer librement la langue.

Le Dr Bernheim a guéri, par un procédé analogue, une jeune fille atteinte, depuis quatre semaines, d'un aphonie nerveuse complète. Ayant appliqué la main sur le larynx et imprimé quelques mouvements à l'organe, il lui dit : « Maintenant vous pouvez parler. » En un instant il lui fait prononcer successivement a, puis b, puis Marie. Elle continua à parler distinctement, l'aphonie avait disparu.

Dans le même hôpital de Nancy un jeune homme hystéro-épileptique avait, pour son œil gauche, le champ de la vision notablement rétréci et l'acuité visuelle réduite d'un tiers (optomètre de Badal). M. Charpentier augmenta noblement l'un et l'autre par l'application d'un courant interrompu à l'œil infirme ; M. Bernheim obtint une nouvelle amélioration en faisant simplement le simulacre de l'opération[1].

----

[1] BERNHEIM, l. c., p. 282.

A plusieurs reprises on a vu, dans les hôpitaux de Paris, une intimation soudaine déterminer brusquement la guérison d'une paralysie psychique datant peut-être de fort loin et qui, jusque-là, avait résisté à la mise en œuvre des agents thérapeutiques les plus variés. « Ainsi, par exemple, dit M. Charcot, l'on fait sortir de force du lit, où elle était depuis longtemps immobile, une femme atteinte d'une paraplégie de ce genre ; puis, l'ayant placée sur ses pieds, on lui dit : *Marchez*, et voilà qu'elle marche. C'est là un exemple de guérison *miraculeuse* qui en explique beaucoup d'autres. Rien de mieux établi que ces faits dont, pour mon compte, j'ai été témoin plus d'une fois[1]. »

Le Dr Voisin a donné l'observation d'une monoplégie hystérique avec contracture du membre supérieur droit datant de six mois, guérie par la suggestion hypnotique.

Pour moi, j'ai très souvent déterminé, soit par suggestion, soit par simple contact en isonome, l'abolition de la douleur d'une blessure, d'un panaris, etc., ou provoqué l'insensibilité pour une petite opération comme l'extraction d'une dent, l'ouverture d'un clou, etc.

Parmi les plus curieuses cures, on peut citer celles des *nœvi* ou taches vineuses, guéries à l'hôpital de la Charité par le Dr Luys au moyen d'une série de suggestions répétées quelquefois pendant plusieurs semaines. Certaines taches ont disparu complètement ; d'autres ont beaucoup diminué ; ici le résultat *saute aux yeux*.

---

[1] Leçon sur les paralysies psychiques, citée par le Dr Lober, p. 103. — CHARCOT : *Leçons sur les maladies du système nerveux*, t. 1, 5e éd., p. 356 et suiv. — P. JANET : *Revue politique et littéraire*, n° du 2 août 1884, p. 131.

§ 3. — *Comment on peut reconnaître l'auteur d'une suggestion.*

On peut résumer ainsi qu'il suit les principes qui régissent, à de très rares exceptions près, les suggestions et leurs effets :

1º Le sujet est susceptible de recevoir des suggestions par la parole dans tous les états superficiels de l'hypnose, y compris les phases léthargiques[1] ;

2º L'insensibilité cutanée est la marque à laquelle on reconnaît que le sujet est entré en hypnose et qu'il est devenu suggestible;

3º Quand un sujet se trouve sous l'influence d'une suggestion post-hypnotique, il retombe dans l'état de crédulité, le premier des états de l'hypnose, et devient insensible ;

4º La suggestion prend d'autant mieux, quand elle est contraire aux instincts du sujet, qu'elle est donnée dans un état où l'esprit de celui-ci est le moins libre de se raidir contre, c'est-à-dire dans les premiers états léthargiques. Mais quand elle a pris, il peut arriver que le sujet auquel elle répugne parvienne à se soustraire à son exécution en tombant en catalepsie ou en léthargie au moment où il commence à y céder;

5º La suggestion qui s'exécute s'accomplit presque toujours littéralement, ou du moins de la manière dont le sujet l'a comprise au moment même ;

6º Le sujet oublie au réveil tout ce qui s'est passé dans l'hypnose ;

---

[1] Cette faculté disparaît généralement dans les états profonds.

7° Il suffit, pour rappeler le souvenir de ce qui s'est passé dans un état déterminé de l'hypnose, de ramener le sujet dans cet état. La pression d'un certain point du front détermine, à l'état de veille, chez le plus grand nombre des sujets, la mémoire de ce qu'ils ont perçu dans une phase quelconque de l'hypnose (*Mémoire somnambulique*).

Je vais examiner maintenant les différents cas qui peuvent se présenter relativement à un attentat commis sur la personne du sujet pendant l'hypnose ou à une suggestion criminelle post-hypnotique.

1er CAS. — *L'hypnotiseur n'a pris aucune précaution et a agi pendant que le sujet était, soit en état de crédulité, soit en état de somnambulisme.*

Il suffit de ramener successivement le sujet dans ces deux états et de faire appel à ses souvenirs relatifs au point intéressant, il raconte alors ce qui s'est passé.

J'ai eu l'occasion de reconstituer ainsi tous les détails d'une scène qui s'était passée, deux ans auparavant, entre un hypnotiseur de passage à Grenoble et une femme galante, sujet professionnel, dont le personnage en question avait abusé pendant son sommeil.

2e CAS. — *L'hypnotiseur a eu soin d'agir dans l'une des phases léthargiques où le sujet, quand il y est ramené, n'a pas l'usage de la parole et par suite ne peut répondre aux demandes qui lui sont faites.*

Il y a alors deux procédés : ou bien presser, à l'état de veille, le point du front qui correspond à la *mémoire somnambulique* et interroger le sujet sur ce qui s'est passé dans l'hypnose, ou bien ramener successivement le sujet

dans les différentes phases léthargiques et lui suggérer[1],
dans chacune de ces phases, de se rappeler au réveil ce
qui s'y est passé dans des circonstances déterminées[2].

3ᵉ Cas. — *L'hypnotiseur a pris toutes les précautions
imaginables pour déjouer les recherches ; il a, par exemple,
suggéré au sujet de perdre tout souvenir de lui ou de
l'acte, ou mieux, il lui a suggéré des souvenirs faux
pour lui faire porter son accusation sur d'autres personnes.*

On commencera par donner au sujet, successivement
dans tous les états, la suggestion de se rappeler au réveil
ce qui s'est passé dans cet état relativement au point qu'on
veut élucider, puis on l'interrogera au réveil.

Si le sujet réveillé et revenu à son état de sensibilité
cutanée normale parle en obéissant à une suggestion an-
térieure, il redeviendra insensible, et la constatation de
ce fait prouvera qu'il ment.

C'est alors qu'intervient le 5ᵉ principe dans la lutte qui
va s'engager entre l'enquêteur et la suggestion destinée à
le dérouter.

Quelques exemples tirés d'expériences faites réellement
vont montrer comment on peut opérer :

Voici un sujet qu'on soupçonne d'avoir volé M. A sous
l'influence d'une suggestion donnée par M. X. Endormi
il a raconté des histoires dont rien ne permet de constater
la véracité, puisque, dans tous les cas, il présente l'insensibilité cutanée. On détermine alors le souvenir au réveil
par un des procédés indiqués plus haut. Quand il est
réveillé, bien dégagé de l'influence de l'hypnose et revenu

---

[1] Pour qu'une suggestion prenne bien, il faut la prononcer lentement, nettement et successivement devant chacune des oreilles.

[2] Il est clair qu'il faut éviter, dans cette opération, de créer, par
suggestion, des souvenirs faux.

à sa sensibilité normale, on l'interroge de nouveau. Il raconte les mêmes histoires ; mais, cette fois, on peut constater que, pendant qu'il les raconte, il est redevenu insensible.

On lui dit : « Celui qui vous a envoyé voler vous a ordonné de ne jamais dire son nom et même de l'oublier ; c'est bien, je ne vous le demanderai pas : seulement il ne vous a pas ordonné de ne pas dire où il demeurait, ni comment il était fait. » Le sujet, lié seulement par la lettre de la suggestion, indique le domicile ou donne le signalement.

Ou bien encore, s'il désigne une personne déterminée et que le *criterium* de l'insensibilité démontre qu'il agit ainsi par suggestion, on lui dit : « C'est bien entendu, c'est M*** qui vous a envoyé ; mais qui vous a ordonné de le dire ? » le sujet nomme le suggestionneur.

On peut aussi, dans l'hypnose et en particulier dans les phases léthargiques, superposer à l'ancienne suggestion que l'on cherche à évincer une nouvelle suggestion qui, en apparence, ne la contredit pas. Ainsi : « Quand vous serez réveillé, je nommerai devant vous différents individus, et quand je prononcerai le nom de celui qui vous a défendu de dire que c'est lui qui vous a ordonné de voler, vous le reconnaîtrez et vous m'affirmerez que ce n'est pas lui. » Le sujet, amené par ces différentes suggestions à une tension d'esprit qui concentre toutes ses forces sur un seul côté, ne raisonne plus, et quand on prononce le nom du coupable, il s'élance comme pour le défendre en disant : « Non, ce n'est pas lui ! »

Je pourrais prolonger longtemps l'exposé de cette série de ruses enfantines qui réussissent presque toujours sans qu'on puisse cependant avoir dans les indications qu'elles fournissent une confiance absolue. L'hypnotisé peut, en effet, avoir mal vu ou mal entendu dans son sommeil comme cela peut lui arriver à l'état de veille. Si la justice opérait constamment à coup sûr, il n'y aurait jamais ni affaires classées ni erreurs judiciaires ; mais ce que je viens de dire suffira, je l'espère, à rassurer bien des esprits qui considèrent l'hypnotisme comme destiné à perpétrer des crimes protégés par un éternel mystère.

On remarquera que si un sujet a quelque raison de douter qu'il est ou a été sous l'empire d'une suggestion, il peut faire son enquête lui-même, dans la plupart des cas, en appliquant les principes précédents.

Il conserve en effet dans l'hypnose la mémoire de l'état de veille ; il peut donc prendre, dans ce dernier état, la résolution de chercher à élucider le point qui l'intéresse, quand il sera endormi, puis s'endormir lui-même, soit par l'occlusion des yeux, soit par l'imposition de la main droite sur la tête.

Mais, la mémoire de ce qu'il découvrira dans l'hypnose ne se conservant pas normalement à l'état de veille, il devra, avant de s'endormir, prendre la résolution, soit d'écrire pendant le sommeil ce qui peut l'intéresser, soit de s'auto-suggestioner dans cet état le souvenir au réveil.

CHAPITRE V

La plupart des phénomènes de l'hypnotisme et du magnétisme peuvent être obtenus sur les animaux par les
mêmes procédés que sur l'homme.

Dès 1646, le P. Kircher citait sous le nom d'*Experi-
mentum mirabile*[1] la pratique populaire qui consiste à
prendre une poule qu'on place les pattes liées devant une
ligne tracée sur le sol; au bout de quelques instants
la poule reste sans mouvement, conservant cette attitude,
même lorsqu'on enlève la ligature et qu'on l'excite.

MM. Binet et Feré rapportent[2] une curieuse pratique
des fermières du pays de Caux qui montre qu'on peut
modifier l'instinct par suggestion. « Lorsqu'une poule a
pondu un certain nombre d'œufs dans un nid de son choix
et qu'elle a commencé à couver, si, pour des raisons
particulières, on veut lui faire couver d'autres œufs dans
un autre nid, on lui place la tête sous une aile et on la
balance un certain nombre de fois jusqu'à ce qu'elle

---

[1] *Ars magna lucis et umbræ.*
[2] *Le magnétisme animal*, p. 270. — Paris, 1887.

dorme, ce qui arrive rapidement, puis on la place dans le nid qu'on lui destine ; à son réveil elle ne songe nullement à son propre nid, elle a adopté les œufs étrangers. Quelquefois on peut, par le même procédé, faire couver des poules qui n'ont pas encore manifesté l'intention de le faire. »

En 1828, un Hongrois, Balassa, fit connaître[1] une méthode qui permet de ferrer les chevaux les plus vicieux. En se plaçant bien en face de lui et en le fixant dans les yeux, on amène le cheval à reculer et à lever la tête ; son cou se raidit et souvent il demeure complètement immobile au point de ne pas bouger, même si l'on tire un coup de fusil dans le voisinage ; on emploie avec succès, comme auxiliaires pour l'assouplir, des frictions douces avec la main, en croix sur le front et sur les yeux. Cette méthode est encore en usage dans l'armée austro-hongroise sous le nom de *das Ballassiren.*

Il y a quelques années, Rarey domptait les chevaux les plus rétifs par des procédés analogues. Il opérait de douces frictions, espèces de passes magnétiques, sur le cou ou sur le nez de l'animal, pendant qu'il concentrait son attention par la répétition incessante des mêmes paroles avec la même intonation flatteuse. Après être resté enfermé pendant trois heures avec l'étalon *Cruiser*, l'un des animaux les plus vicieux qui aient jamais existé, il le rendit tellement souple qu'on put le monter immédiatement, alors que depuis trois ans aucun palefrenier n'avait osé s'en approcher, même pour le pansage[2].

En 1873, Czermack cataleptisa divers oiseaux, des salamandres, des écrevisses, des lapins, par simple fixation

---

[1] *Méthode des Hufbeschlages ohne zwang.* Wien, 1828.
[2] CULLERRE : *Magnétisme et hypnotisme*, p. 120.

d'un objet (doigt, allumette...) placé devant leurs yeux, ou
bien en maintenant quelques minutes l'animal immobile[1].

En 1881, à Boston, Béard montra[2] qu'on peut encore
obtenir la catalepsie chez les animaux : par la peur,
par la fixation avec les yeux, par une lumière vive, par la
musique, et enfin par des passes magnétiques.

Les magnétiseurs connaissent depuis longtemps ces
derniers phénomènes.

Lafontaine a magnétisé, en séances publiques, des chats,
des chiens et des écureuils, des lions, au point de les
rendre complètement insensibles aux piqûres et aux
coups ; des lézards ont été plongés par lui, à diverses
reprises, dans un sommeil qui durait plusieurs jours[3].

Dans un ouvrage publié, il y a quelques années à
Londres, sous le titre : *Private instructions in the science
and art of organic magnetism,* miss CHANDOS LEIGH HUNT,
donne (chap. VIII) d'intéressants détails au sujet de la
magnétisation des animaux :

Si les « conducteurs métalliques » de Perkins n'avaient
pas été employés avec succès sur les animaux, leur renommée
n'aurait jamais pu s'établir, même temporairement. Il est
certain que la plupart des personnes, qui attribuent avec in-
sistance les phénomènes produits par le magnétisme sur
l'homme à l'imagination, à la suggestion, etc., reconnaîtraient
immédiatement qu'il y a là « quelque chose de vrai » en

---

[1] *Veber hypnotische Zustande bei Thieren* : Arch. f. Physiologie
VII, 1873.

[2] BERNHEIM : *De la suggestion,* p. 130.

[3] LAFONTAINE : *L'Art de magnétiser,* p. 245, 5e éd. — Paris,
1886.

Lafontaine rapporte qu'il put ainsi, en l'endormant pour 8 ou 9
jours, puis en l'endormant de nouveau, faire vivre jusqu'à 75 jours
sans manger un lézard qui mourut d'accident, grillé dans son bocal
par la chaleur du soleil ; les autres lézards mis dans les mêmes
conditions, mais non magnétisés, sont morts au bout de 10 à 15 jours
de diète.

voyant leur irritable perroquet rester impassible quand on lui pique le nez avec une épingle, leur timide poisson doré s'élever et retomber selon que le magnétiseur lève ou baisse la main, ou leur pétulant canari reposer avec calme sur leurs genoux . . . .

Pour magnétiser les chats, il est bon de commencer les opérations quand ils sont dans le repos. Commencez par faire des passes magnétiques depuis la tête en allant vers le bas, laissant vos mains passer à environ un pied du corps de l'animal. Dès que vous les voyez s'agiter, s'étirer, c'est que vous avez déjà agi sur eux. Cette agitation se calme d'ailleurs promptement et est remplace par un état de tranquillité. Généralement les chats se retournent sur le dos et font quelques efforts indolents pour atteindre vos mains avec leurs pattes; il faut alors continuer les passes exactement de la même façon bien que le changement de posture vous oblige à les faire sur l'estomac au lieu du dos

Vous observerez en même temps que leurs yeux commencent à fixer les vôtres comme s'ils étaient fascinés par leur mouvement. Maintenant faites des passes sur les yeux comme si vous essayiez d'abaisser leurs paupières par le moyen d'invisibles fils. Vous verrez bientôt si l'animal est réellement sous votre influence. Quelquefois le corps devient rigide et les yeux restent grands ouverts ; mais l'animal ne fait plus attention qu'à votre voix. D'autres fois les yeux se ferment sous vos mains et s'ouvrent quand vous les retirez, mais restent complètement insensibles à la lumière. Vous pourrez alors chercher à montrer votre pouvoir par les expériences que vous imaginerez.

Pour démagnétiser l'animal, faites des insufflations froides de l'extrémité du corps vers le haut ; latéralement de gauche à droite, devant le corps, et enfin devant les yeux en appelant l'animal par son nom, d'une voix douce, encourageante et ranimante.

Pour magnétiser un chien, opérez exactement de la même manière, avec cette différence que si l'attention de l'animal peut être au préalable attirée, vous commencez par le regarder fixement dans les yeux ; sinon agir comme il a été dit.

Si vous étiez attaqué par un chien, fixez vos yeux avec fermeté et sans peur sur les siens et il sera immédiatement rendu sans force. Le duc de Malborough et M. Barraw possédaient tous les deux un pouvoir extraordinaire sur les chiens les plus féroces. Luidencrantz nous apprend que les Lapons peuvent apaiser sur-le-champ les chiens les plus féroces et les obliger à s'enfuir avec toutes les expressions de la terreur. Le voleur de chiens, pour forcer un chien à le suivre ou à demeurer avec lui, le nourrit avec du pain qu'il a magnétisé en le gardant pendant quelque temps sous son aisselle.

Pour démagnétiser un chien, on procède de la même manière que pour un chat.

Pour magnétiser un cheval, commencez à faire des passes à grands courants depuis la nuque jusqu'à l'extrémité de la queue ; continuez pendant environ dix minutes ; ensuite faites des passes depuis le sommet de la tête jusqu'à la bouche, en portant vos mains devant ses yeux. Généralement la tête de l'animal ne tarde pas à s'abaisser languissante et ses yeux à paraître à moitié endormis. Placez alors vos mains devant ses yeux et soufflez plusieurs fois dans ses narines. Parlez-lui d'un ton bas et doux, et si la force employée a été suffisante, il vous suivra partout où vous voudrez le conduire en lui présentant votre main ; en même temps il n'entendra que votre voix.

Luidencrantz cite l'étrange faculté qu'avait un Irlandais, connu sous le nom de *chuchoteur*, d'apprivoiser les chevaux les plus indomptables ; son pouvoir était devenu proverbial. Plusieurs dompteurs de chevaux ont semblé posséder la même faculté et rendaient les chevaux les plus rétifs capables de les suivre comme des chiens et de se coucher à leur commandement.

Le secret de ces *chuchoteurs* irlandais consiste à souffler dans l'oreille gauche de l'animal, mais ces hommes étaient certainement doués en outre d'un pouvoir particulier qu'ils tenaient de famille ; quelques-uns d'entre eux étaient les élèves, directement ou indirectement, du grand dompteur de chevaux Rarey.

Catlin, en décrivant la capture au lasso des chevaux sauvages dans l'Amérique du Nord, dit : « Il (le chasseur) s'avance graduellement jusqu'à pouvoir placer sa main sur les naseaux de l'animal et devant ses yeux et lui souffle dans les narines ; celui-ci devient alors si souple et si docile qu'il peut l'amener ou le monter pour retourner au camp... »

Pour démagnétiser un cheval, faites des insufflations froides depuis les naseaux jusqu'au sommet de la tête. Des passes démagnétisantes peuvent aussi être faites, et il est bon de terminer avec quelques passes *curatives* le long du corps et des jambes. Si l'animal s'endort de nouveau, ne le troublez pas, mais laissez-le se réveiller de lui-même, car un tel sommeil est toujours salutaire.

Pour magnétiser les poissons (naturellement je ne parle pas de ceux qui nagent dans les mers, mais de poissons renfermés dans de petits aquariums).

Il est bon de magnétiser d'abord l'eau avant que les poissons s'y trouvent. Mettez maintenant dans cette eau les poissons un à un et magnétisez les ensuite séparément en faisant des passes sur la partie de l'eau la plus rapprochée d'eux, dirigeant ces passes autant que possible de la tête à la queue. Ceux qui seront influencés suivront votre main comme un petit canard de fer suit l'aimant. Si vous élevez soudain vos mains, le poisson sortira son nez de l'eau ou plongera aussi souvent que vous porterez vos mains en haut ou en bas.

Moi-même et d'autres personnes nous avons souvent magnétisé avec succès des poissons par ce moyen ; mais l'opération est souvent longue et ne réussit pas toujours.

Pour démagnétiser les poissons faites des passes démagnétisantes du centre à la périphérie de l'aquarium sur la surface de l'eau.

Magnétiser un oiseau. — Pour le faire avec succès, beaucoup de précautions sont nécessaires, car le moindre bruit le trouble. Placez-vous devant la cage et promenez vos mains doucement et régulièrement de gauche à droite à environ 12 pouces de la cage. Quand l'oiseau est influencé, il devient agité ou triste et suit avec ses yeux les mouvements de votre main. Diminuez la distance de vos passes jusqu'à environ 3 pouces de la cage et dirigez vos mains vers ses yeux, commencez un léger mouvement d'oscillation de haut en bas de vos mains, en tenant en même temps vos yeux fixés sur lui. Au bout de quelques minutes, s'il est influencé, l'oiseau fermera ses yeux (après beaucoup d'efforts pour les tenir ouverts) et il tombera de son perchoir. Vous pouvez maintenant le retirer de sa cage et faire sur lui les expériences qu'il vous plaira : il restera complètement passif, mais il peut être éveillé par le moindre bruit perçant ou le plus léger courant d'air.

Pour le démagnétiser, employez des insufflations froides vers le haut et vers le bas sur tout le corps, et, lorsqu'il est dans sa cage, soit qu'il ait été démagnétisé par vous, soit qu'il se soit réveillé soudainement, faites devant la cage quelques passes démagnétisantes.

Une autre fois vous ne trouverez pas d'aussi grandes difficultés en magnétisant le même oiseau, et il restera dans cet état plus sûrement et plus longtemps.

. . . .

D'après le passage suivant des *Récits* de Catlin *sur les Indiens de l'Amérique du Nord*, il paraît que ces hommes connaissent les effets du magnétisme sur les animaux et s'en servent dans un but pratique.

« J'ai souvent, dit Catlin en décrivant la capture des veaux après la mort de leur mère, mis, suivant une coutume du pays, mes mains sur les yeux d'un veau et soufflé à plusieurs reprises dans ses narines. J'ai ensuite fait, avec mes compagnons de chasse, plusieurs visites dans notre résidence avec le petit prisonnier suivant les pas de mon cheval aussi fidèlement et attentivement que s'il avait été sa mère.

« C'est une des choses les plus extraordinaires que j'ai vues dans les coutumes de ces pays et je l'avais souvent entendu dire sans vouloir y croire. Je veux à présent m'en porter témoin sur les nombreuses instances que j'ai reçues depuis que je suis dans ce pays. »

Quand on sait magnétiser les chats, les chiens, les chevaux, les oiseaux et les poissons, on sait comment procéder pour magnétiser tout autre animal.

J'ai fait beaucoup d'expériences avec ceux que j'ai cités et je n'ai jamais trouvé deux animaux influencés exactement par la même somme d'influence. Les phénomènes qui se sont produits n'ont jamais été exactement identiques à ceux des expériences précédentes.

Le plus grand soin, la plus grande douceur sont nécessaires en toute occasion.

Démagnétisez toujours un animal, même si vous n'apercevez pas les moindres effets résultant de vos efforts ; ne vous impatientez jamais quand vous influencez pour la première fois un animal : si vous avez une ferme volonté, votre persévérance et votre patience seront récompensées. Chaque fois que l'opération est répétée, votre volonté a une influence plus rapide et plus complète.

Miss Chandos renvoie ensuite à un ouvrage de John Wilson intitulé : *Effet du magnétisme humain sur le règne animal,* où l'auteur raconte qu'il a magnétisé différents animaux parmi lesquels une lionne et deux éléphants du Zoological Garden.

Je n'ai jamais, pour ma part, eu la patience de rechercher des sujets de ce genre, qui sont aussi rares chez les animaux que chez les hommes ; mais deux vétérinaires lyonnais ont publié[1] sous le pseudonyme Nano et Wild les premiers résultats de leurs expériences qu'il est bon de connaître pour ne point se laisser décourager par les insuccès :

Nos expériences ont surtout porté sur les chiens ; aussi tout ce que nous allons dire aura trait à ces animaux. En règle générale, on peut dire qu'ils sont d'autant plus sensibles que leur cerveau est plus volumineux. Nous avons toujours obtenu les meilleurs résultats, chez les chiens de forte taille. Peut-être y aurait-il encore des différences selon les races ? En outre, les conditions dans lesquelles on se trouve au moment de l'expérimentation ont une certaine influence. Autant que possible, il faut opérer dans le silence, le bruit amenant toujours une distraction plus ou moins grande du sujet. Nous avons remarqué que l'on agissait bien plus facilement sur un animal lorsqu'on a le soin de lui appliquer les mains sur le front pendant quelques minutes avant d'opérer. Les tempéraments ont aussi une importance assez considérable, et ici comme chez l'homme les natures nerveuses sont les plus sensibles.

Voici les premiers symptômes que l'on observe lorsqu'on magnétise un animal : Au début, rien, ou du moins les phénomènes qui se produisent échappent totalement à l'œil de l'observateur. Après quelques minutes, vingt au plus, quelquefois trente, le sujet témoigne par certains signes qu'il éprouve l'action du fluide. Il cherche à se déplacer ; s'il est couché, il se relève pour se coucher immédiatement dans une autre posi-

---

[1] *L'Union occulte française,* N° du 16-31 mars 1891.

tion. Les oreilles offrent à de courts intervalles une sorte de tremblement très caractéristique, comme pour chasser une mouche importune qui viendrait les frôler. Ces tremblements, ces petites contractions spasmodiques, augmentent de plus en plus d'intensité et l'animal semble éprouver une sensation de gêne inhabituelle. De temps à autre il secoue la tête et regarde l'opérateur. Les glandes salivaires fonctionnent activement, les déglutitions sont fréquentes et quelquefois la salive s'écoule sur le sol.

Arrivé à cette période, certains animaux entrent dans une colère violente, quoique à l'état normal ils soient d'un caractère très doux. Le chien qui s'irrite ainsi sous l'influence magnétique fait entendre des grondements sourds et montre les dents, attendant l'occasion de mordre. Alors, au moment où la main quitte la tête pour se porter sur le dos, le sujet ainsi libéré essaye vivement de happer cette main tendue vers lui. Il est non seulement difficile, mais encore dangereux de continuer à le magnétiser et nous n'avons jamais cherché à pousser l'expérience plus loin. Heureusement, il n'en est ainsi que pour un petit nombre d'animaux.

Nous allons maintenant envisager ce qui arrive chez le plus grand nombre des sujets.

Sous l'influence du fluide, la gêne précédemment indiquée augmente. La surexcitation est grande et le patient fait entendre parfois de petits cris plaintifs. A ce moment il n'est pas loin d'être terrassé, bientôt il se calme et entre dans une profonde torpeur. C'est tout ce que nous avons obtenu chez la majorité des animaux soumis à nos expériences. Le sujet ainsi magnétisé simule très bien le chien endormi. Sa position est naturelle, mais son sommeil est beaucoup plus profond qu'il ne l'est normalement. En réalité s'agit-il là du sommeil ordinaire ? Nous ne le croyons pas. L'animal a conservé les yeux à demi clos, le regard est morne. On croirait qu'il succombe à une profonde fatigue et il reste indifférent à tout ce qui se passe autour de lui. Les inspirations sont lentes et régulières. La sensibilité est émoussée sans être complètement abolie.

. Chez quelques sujets débilités à tempérament nerveux, nous avons obtenu des effets bien plus remarquables. Ces animaux passaient rapidement par toutes les phases que nous venons de décrire. L'excitation du début faisait place immédiatement à une somnolence tellement grande que le sujet, au lieu de chercher à se coucher, tombait comme frappé d'un coup de masse et *conservait une fois à terre la position plus ou moins bizarre dans laquelle il se trouvait.* En insistant davantage nous pouvions alors déterminer *une insensibilité presque absolue.*

L'opérateur, plongeant de longues épingles dans le corps du sujet, n'arrivait jamais à provoquer le moindre mouvement de défense. Il nous a été possible, en lésant les tissus profondément, de lui arracher comme une sorte de plainte, mais l'animal a toujours gardé l'immobilité la plus complète.

Avions-nous fait naître dans ces cas particuliers de l'insensibilité ou de la paralysie? Telle est la question qui se pose. Nous espérons pouvoir définitivement la résoudre lorsque nous retrouverons des sujets sensibles. Notre conviction est que l'on pourrait arriver, au moins chez quelques animaux, à l'anesthésie la plus parfaite.

Nous avons vainement essayé d'obtenir des phénomènes d'attraction, ou plutôt les quelques résultats obtenus sont si peu concluants que ces expériences ont besoin d'être reprises.

Avant de terminer, nous devons signaler la remarque suivante, que nous indiquons pourtant sous toute réserve, n'ayant observé le phénomène qui lui a donné lieu qu'une seule fois. Il s'agissait d'un animal plongé dans le coma dont nous avons déjà parlé. Une piqûre assez superficielle lui ayant été faite, il ne s'en échappa aucune goutte de sang. Mais l'ayant éveillé environ dix minutes après, notre étonnement fut grand en voyant une hémorragie se produire. Le fluide magnétique détermine peut-être une vaso-constriction des vaisseaux périphériques et par suite une congestion des organes internes, laissant les parties extérieures presque exsangues. Ce qui nous explique pourquoi l'hémorragie signalée plus haut ne se produisit qu'après le réveil.

M. Jacolliot a vu, dans l'Inde, des Fakirs donner la raideur cataleptique à des serpents par une musique douce et monotone suivie de l'action du regard et des passes.

Les *Harvis* ou *Psylles* de l'Egypte réussissent, à l'aide d'une pression sur la tête de la vipère *Nayé,* à la jeter dans une sorte d'état titanique qui lui donne les apparences d'un bâton[1].

C'est vraisemblablement par un procédé analogue que se sont produits les premiers actes de la lutte d'Aaron avec les prestidigitateurs de Pharaon.

« Moïse et Aaron, s'étant présentés devant Pharaon, firent ce que le Seigneur avait commandé. Aaron prit sa baguette en face de Pharaon et de ses serviteurs et elle se changea en couleuvre. Mais Pharaon appela ses sages et ses prestidigitateurs qui, par le moyen des enchantements usités en Egypte et de certains secrets, firent semblablement. Ils jetèrent chacun leurs baguettes qui se changèrent en dragons; mais la baguette d'Aaron dévora les leurs » (*Exode* VII).

---

[1] *Voyage au pays des perles*, p 91.

[2] E. W. Lane : *An account of the manners and customs of the modern Egyptans*, t. ii, p. 103. — A. Maury : *La magie et l'astrologie*, p. 4.

CHAPITRE VI

ESSAI DE THÉORIE

Il y a, dans les phénomènes de l'hypnose, trois ordres de faits qui paraissent surtout extraordinaires. Ce sont :

1° Les alternatives d'engourdissement et d'excitation que présentent les facultés du sujet quand celui-ci parcourt les phases successives du sommeil ;

2° La transformation de sa pensée en hallucination ou suggestion ;

3° La faculté qu'il possède de mesurer le temps.

Il serait prématuré de vouloir présenter une théorie, mais je vais essayer de montrer comment ces faits peuvent se rattacher, plus ou moins, à d'autres déjà observés.

Le phénomène de *l'inhibition*, découvert par M. Brown-Sequart, mais dont le mécanisme nous échappe encore, explique jusqu'à un certain point les premiers. Il est prouvé, en effet, par l'expérience, que l'excitation portée sur un point du système nerveux, a souvent pour effet de paralyser l'activité d'une autre partie du même système. On conçoit que l'inverse se produise également et, par suite, qu'il produise une série d'effets contraires suivant que l'effet des actions, soit extérieures ou psychiques, gagne telle ou telle partie du cerveau ; les modifications de la circulation sanguine dans la masse cérébrale jouent certainement dans ce cas un grand rôle, car on sait que cette irrigation se fait par territoires isolés, par bassins pour ainsi dire, et j'ai fait voir l'influence prépondérante de son activité dans la production de l'hypnose. D'autre part, les facultés intellectuelles et sensitives sont aussi localisées en des points spéciaux.

Je dois entrer maintenant dans quelques détails plus précis sur le mécanisme de la pensée, avant d'aborder la question des hallucinations et des suggestions.

Quand quelqu'un me parle, il met en mouvement l'air dont les vibrations viennent frapper mon oreille ; sous leur influence le nerf acoustique est lui-même ébranlé et les vibrations se transmettent de son bout externe (le tympan) à son bout interne (le corps opto-strié) ; là elles se transforment en pensée par un procédé inconnu.

Ma pensée se transforme à son tour en mouvement quand je le juge nécessaire, en faisant vibrer de l'inté-rieur les nerfs préposés à la motilité.

Ce que je viens de dire pour un des sens s'applique à tous les autres ; ainsi les nerfs sensitifs sont organisés de manière à transmettre les vibrations *centripètes*, c'est-à-dire du dehors au dedans, et les nerfs moteurs le sont de manière à transmettre les vibrations *centrifuges*, c'est-à-dire du dedans au dehors.

On peut cependant concevoir qu'un nerf qui vibre dans un sens puisse vibrer dans un autre et par suite que la pensée puisse se transformer en sensation ou le mouvement en pensée[1]. Nous en avons tous les jours des preuves

---

[1] « Les filets nerveux peuvent être remués de deux manières, ou par le bout qui est hors du cerveau, ou par l'extrémité qui plonge dans la masse... Si ces filaments sont remués dans le cerveau, n'importe par quelle influence, l'âme aperçoit quelque chose au dehors » (*Malebranche*).

plus ou moins nettes chez les personnes qui parviennent à se figurer l'objet auquel elles pensent ou chez qui certaines idées sont suggérées par tel ou tel mouvement du corps, comme nous l'avons déjà fait remarquer à propos de l'état cataleptique[1].

Si les nerfs possédaient, d'une façon complète et permanente, la faculté de pouvoir transmettre les vibrations dans les deux sens, les conditions de notre vie actuelle seraient complètement bouleversées ; nous ne saurions distinguer le réel de l'imaginaire et nous n'aurions plus notre libre arbitre, puisqu'il suffirait qu'une idée quelconque fût éveillée en nous pour qu'elle fût fatalement suivie d'exécution.

C'est justement le cas des hypnotisés.

Il y a donc, dans notre cerveau, un organisme ayant pour mission d'arrêter les vibrations centripètes des nerfs moteurs et les vibrations centrifuges des nerfs sensitifs. Cet organisme fonctionne quand l'individu est à l'état normal ; il cesse de fonctionner, il est engourdi, dans l'état hypnotique.

Si maintenant on se reporte à ce que nous avons dit dans le chapitre II, on sera amené à supposer que cet organisme modérateur se trouve dans la partie périphérique du cerveau, puisque c'est la diminution de l'activité de cette partie qui détermine l'hypnose.

Or c'est précisément à cette conclusion qu'on arrive par des considérations d'un tout autre ordre.

M. Luys s'exprime ainsi[2] :

---

[1] On connaît la scène du *Barbier de Séville* où Basile prend la fièvre par suggestion.

J'ai lu, je ne sais plus où, qu'un écrivain célèbre avait l'habitude de prendre toutes les poses caractéristiques d'une passion quand il voulait en donner le langage à ses héros.

[2] *Traité clinique et pratique des maladies mentales*, p. 95. — Paris, 1881.

« Les recherches des physiologistes modernes, avec quelques variantes, il est vrai, tendent toutes à considérer les réseaux de *l'écorce cérébrale* comme étant par excellence le domaine propre de *l'activité psychique et intellectuelle*, et à voir dans les noyaux centraux opto-striés un substratum organique destiné à servir de support à un tout autre ordre de phénomènes. Dans les *couches optiques*, ce serait principalement les *impressions sensorielles* qui seraient élaborées et transformées, tandis que, dans la substance grise du *corps strié*, ce serait au contraire les phénomènes de *l'innervation motrice* qui auraient leur foyer d'émission. »

De même, Ch. Richet[1] :

« La direction, la volonté, la spontanéité de ces diverses actions ont probablement leur siège dans la partie périphérique du cerveau, dans l'écorce grise des circonvolutions cérébrales.

« Il a été démontré par beaucoup de physiologistes que les centres nerveux supérieurs exercent à l'état normal une sorte d'action modératrice sur les actions nerveuses automatiques. Les choses se passent comme si, constamment, des centres supérieurs de l'encéphale, un influx nerveux modérateur allait vers les centres nerveux inférieurs (protubérance, bulbe, moelle), pour diminuer l'intensité des mouvements réflexes dont ils sont le siège. »

De même encore Bernheim[2] :

« A l'état de veille, la partie active et raisonnante du cerveau, appelons-la, pour fixer nos idées, mais sans attacher à cette expression une signification anatomique précise, étage supérieur du cerveau, cette partie, dis-je, intervient et contrôle ; elle modère ou neutralise la partie

---

[1] *L'homme et l'intelligence*, p. 227.
[2] *De la suggestion*, p. 163.

imaginative ou automatique, appelons celle-ci étage infé-
rieur du cerveau. Dans le sommeil, cette influence cesse :
l'étage supérieur du cerveau est engourdi, l'activité cérébrale est concentrée sur les centres d'imagination et automatiques ; autrement dit, le contrôle intellectuel est
diminué. »

Ainsi l'on peut au moins concevoir comment la pensée
se transforme en hallucination ou en acte, malgré la volonté du sujet, qui conserve toute la lucidité de son esprit,
mais qui n'est pas plus capable d'empêcher le phénomène
de se produire qu'il n'est le maître de ne point éternuer
quand il a humé une prise de tabac. Il voit, il entend, il
sent ce qu'il a dans l'esprit exactement comme si sa vue,
son ouïe, son odorat avaient été frappés réellement par la
lumière, le son, l'odeur, puisque le nerf présidant à cette
sensation a vibré sous l'influence d'une excitation interne
exactement comme il l'aurait fait sous l'influence d'une
excitation externe[1].

L'insensibilité des divers sens par suggestion se comprend encore ; car il n'est pas plus difficile d'admettre que
la pensée, qui fait vibrer un nerf, peut en paralyser le
mouvement. Le phénomène des suggestions à échéance
est beaucoup plus obscur. Pour lui trouver un semblant
d'explication, il faudrait entrer dans de longues considérations sur le mécanisme de la mémoire ; aussi me

---

[1] Ce qui se produit pour le cerveau par la paralysie de la faculté
modératrice se produit également pour chaque organe des sens, qui
semble ainsi avoir une sorte de cerveau spécial probablement dans
le système ganglionaire.

Je dis à un sujet de penser à une odeur : il y pense, mais ne la
sent pas. — Je mets une polarité contracturante contre sa narine,
il sent l'odeur (pourvu que la contracture ne dépasse pas une certaine limite). — Je remplace la polarité contracturante par une polarité contraire, il ne sent plus rien.

bornerai-je ici à faire remarquer que vraisemblablement l'hypnotisé, quand il reçoit un ordre, dispose automatiquement certaines cases de son cerveau de manière à exécuter cet ordre au moment voulu.

Mais comment compte-t-il le temps ? Voilà ce qui est le plus mystérieux.

On comprend bien, à la rigueur, que le sujet puisse prendre des points de repère quand il se trouve dans un état cérébral analogue à celui où il a reçu la suggestion et où par conséquent il peut se la rappeler. C'est la théorie proposée par M. Bernheim ; seulement elle ne s'applique qu'au cas où il s'agit de termes assez éloignés coupés par des temps de sommeil et elle ne permet d'admettre comme unité de mesure que des *jours*. Le jour est du reste quelque chose de réel, de tangible pour tout animal ; il est constitué par l'accomplissement d'une période de sensations dues au cours du soleil et à l'accomplissement de besoins quotidiens. On peut admettre que l'organisme parvienne à distinguer des fractions de jour : le matin ne ressemble pas au soir.

Que penser lorsqu'on voit la suggestion s'accomplir au bout d'un nombre déterminé de minutes, c'est-à-dire d'unités qui sont absolument conventionnelles, et cela en l'absence de tout instrument permettant de les apprécier ?

Il faut admettre que le calcul du temps se fait à l'aide de la respiration ou de quelque autre fonction analogue, qui permet de compter. C'est *l'inconscient*, a-t-on dit. Belle explication[1] !

Je mets Benoît en léger état de crédulité par une courte

---

[1] Beaucoup de personnes ont la faculté de se réveiller à une heure déterminée. Très bien. Ce rapprochement prouve qu'il n'y a pas besoin de faire intervenir les puissances occultes pour expliquer le phénomène, mais il ne l'explique pas.

imposition des mains. L'insensibilité de la peau permet seule de constater qu'il n'est pas dans son état normal : il cause, raisonne et agit exactement comme d'ordinaire. Je lui dis : « Sifflez ; » aussitôt il siffle involontairement. Je lui dis : « Vous sifflerez, » sans préciser le moment ; rien ne se produit. Je lui dis : « Vous sifflerez dans cinq minutes, » et je l'occupe à autre chose ; au bout des cinq minutes, subitement, au milieu d'une phrase, sa bouche se contracte et il se met à siffler. Il ne pensait plus à cet acte qui s'est produit automatiquement et sans qu'aucun prodrome l'en ait avérti.

Je l'endors et lui dis : « Dans 18 minutes vous mettrez votre main droite sur la table et vous l'y laisserez cinq minutes. » Au bout de 8 minutes (il m'avait mal entendu), il met sa main droite sur la table. Cette main est complètement insensible, mais lui a l'esprit parfaitement net. « Pourquoi avez-vous mis la main sur la table ? — Je n'en sais rien ; elle est là comme elle serait ailleurs. — Je vous prie de l'ôter. » Vains efforts ; je lui dis que c'est une suggestion et que je la lui enlève en lui disant de l'ôter : il ne réussit pas mieux. Il faut que je le mette en état de crédulité par injonction brusque pour qu'il puisse m'obéir.

Je ferai observer en terminant que le sommeil hypnotique et le sommeil naturel sont très probablement identiques. On a vu, par l'expérience XXV de la page 54, que j'avais donné à Benoît une suggestion pendant son sommeil naturel ; j'ai fait réveiller, le matin, plusieurs autres de mes sujets par la simple imposition d'une main en hétéronome, ou je les ai fait passer dans les états profonds avec la main en isonome.

Le magnétiseur Hansen racontait que, pendant son enfance, il s'amusait, la nuit, à parcourir le dortoir de sa pension, faisant des suggestions à ses camarades endormis ;

plusieurs réalisaient, le lendemain, les actes commandés, ne se doutant pas qu'ils eussent été suggérés. M. Bernheim a constaté que si, pendant la nuit, il levait le bras d'un de ses malades et le tenait ainsi pendant quelque temps, le bras restait souvent en l'air comme si le sujet était en catalepsie (*Revue de l'hypnotisme* 1886, p. 135). Beaucoup de personnes endormies répondent aux questions qu'on leur adresse et ne se souviennent de rien au réveil. J'avais au lycée de Grenoble un camarade qui souvent parlait en dormant ; un soir de sortie il dormait déjà d'un sommeil agité quand plusieurs de nous rentrèrent au dortoir. On essaya de le réveiller et on s'aperçut avec étonnement qu'en touchant successivement diverses parties de son corps on évoquait chez lui l'idée de scènes où ces parties jouaient un rôle. Ainsi, quand on agissait sur la plante des pieds, il s'adressait à une interlocutrice qu'il priait de prendre un lit plus long, etc. Enfin, on connaît depuis longtemps ce fait que, chez beaucoup de personnes, il se produit des hallucinations au moment où commence le sommeil naturel et au moment où il finit. Ces hallucinations appelées *hypnagogiques* ont été spécialement étudiées par M. Alfred Maury[1] qui les éprouvait souvent. J'ai essayé de me les donner, mais je n'ai point réussi parce que je ne possède point la faculté d'*objectiver* facilement ma pensée.

---

[1] *Le sommeil et les rêves*, ch. IV.

Abercombrie raconte, dans son ouvrage sur les facultés intellectuelles, qu'un médecin, ayant rêvé qu'il voyait un babouin gigantesque, se réveilla en sursaut par l'impression qu'il en ressentit. Il se leva, se dirigea vers la table qui se trouvait au milieu de l'appartement. Il était alors très éveillé et reconnaissait parfaitement les objets autour de lui, et cependant il distinguait très nettement aussi le babouin, près de la muraille, au bout de la chambre, qui continuait à lui faire des grimaces.

Cardan était sujet, dans son enfance, à ces hallucinations qui se produisaient à son réveil (*Les livres de Cardan,* p. 455, v°).

Ainsi, en définitive, je crois que pour être un bon *sujet*, il faut, à la fois, posséder cette propriété d'objectivité et être constitué de telle façon que la circulation sanguine ou nerveuse puisse se ralentir ou s'accélérer dans l'écorce eérébrale sous de faibles influences.

Les sujets peuvent-ils être reconnus à des caractères extérieurs ? Je ne pense pas que cela soit plus facile que de reconnaitre au visage ceux qui ont l'oreille juste.

Doivent-ils être considérés comme des infirmes ? Cela dépend. Est mal armée pour le combat de la vie toute nature trop impressionnable. Les cœurs sensibles, les esprits d'artistes sont généralement *roulés* par les âmes vulgaires ; mais que de jouissances inconnues à celles-ci n'ont-ils point en compensation ?

La sensibilité hypnotique se rencontre à tous les âges, dans toutes les conditions sociales et avec tous les états de culture intellectuelle : beaucoup d'expériences ont été faites sur des agrégés de la faculté de médecine et de la faculté des lettres de Paris.

C'est donc une grossière erreur de croire que les *sujets* sont fatalement voués à l'abrutissement. Si, au lieu d'abuser de leur faculté, ils en usent au contraire avec sagesse, ils acquièrent sur le reste des hommes une supériorité incontestable, puisque, capables de se donner à eux-mêmes des suggestions, ils sont les maîtres de leurs passions, de leurs sens et peuvent presque toujours défier la douleur.

FIN

TABLE DES MATIÈRES